INHALT

ENTDECKEN SIE APULIEN!

Unsere Top 15 führen Sie an die traumhaftesten Orte und
zu den spannendsten Sehenswürdigkeiten

Die Highlights sind in der Karte auf dem hinteren Umschlag eingetragen

Büßer- und Passionsrituale in Taranto
Perduni heißen die tagelangen, meditativen Büßermärsche durch die Stadt (Seite 22)

Stelen der Daunier
Archaische Steinfiguren aus der uralten apulischen Daunier-Kultur in Manfredonia (Seite 33)

Tremiti-Inseln
Ein Mittelmeertraum: die felsige Inselgruppe in klarem, türkisblauem Wasser (Seite 39)

Foresta Umbra
11 km² schattiger, duftender Laubwald auf dem Gargano – für Süditalien einzigartig (Seite 43)

Museo Nazionale Jatta
Klein, aber sehr fein: ein Höhepunkt unter den vielen guten Museen Apuliens in Ruvo di Puglia (Seite 52)

Cattedrale San Nicola Pellegrino
Schon die wunderbar exponierte Lage am Meer hebt die Kathedrale von Trani hervor (Seite 53)

Castel del Monte
Die rätselhafte Burg des Stauferkaisers Friedrichs II. fordert seit Jahrhunderten den menschlichen Deutungseifer heraus (Seite 56)

Alberobello
Über 1000 Trulli – kuriose Häuschen mit Zipfeldach im schönen Itria-Tal (Seite 59)

> DIE BESTEN
MARCO POLO
HIGHLIGHTS

 Castellana Grotte
Die faszinierenden Kalkablagerungen in der größten Tropfsteinhöhle Italiens erwecken den Eindruck von märchenhaften, natürlich gewachsenen Skulpturen (Seite 61)

 Ori di Taranto
Fein ziselierte Ohrringe, Haarreifen, Ringe, Arm- und Halsschmuck – ihre wunderbaren Goldschätze nahmen die Damen der Antike mit ins Grab (Seite 71)

Grottaglie
Aus der Tonerde rund um Grottaglie formen die Töpfer rustikales Keramikgeschirr, Krüge, Figuren: Markenzeichen ist der bunte Hahn auf hell glasiertem Grund (Seite 72)

 Lecce
Barocke Kirchen und Palazzi: verschnörkelte, überschwängliche Detailbesessenheit in gelbem Tuffgestein (Seite 81)

Mosaikfußboden von Santa Maria Annunziata
In Otranto legte ein einziger Mönch aus Millionen von Steinchen einen bunten Bilderbogen voller Geschichten (Seite 85)

Sassi di Matera
Eine Stadt im Felshang, einst Beispiel für unmenschliches Wohnen, heute unter Unesco-Schutz (Seite 89)

 Tauchen
Die Unterwasserwelt des Gargano, der Tremiti-Inseln, des Stiefelendes (Seite 96)

WAS FÜR EINE REGION!

Bucht nahe Foggia

> Apulien: *mare e terra* (Meer und Land) – eine Welt der Kontraste, über der sechs Monate im Jahr die heiße, mediterrane Sonne scheint, während sich im karstigen Erdinnern eine geheimnisvolle Unterwelt aus Meeresgrotten, Tropfsteinlabyrinthen und Höhlenkirchen verbirgt. Steinerne Einsamkeit löst sich ab mit üppigen Gartenlandschaften, orientalisch anmutenden Städtchen, grandiosen mittelalterlichen Kastellen und Kirchen, glasklarem Meer an bewegter Klippenküste oder feinen Sandstränden. Und über allem vibriert der Sound Apuliens, der beschwörende Rhythmus des Tamburello zum Tanz der Pizzica.

> **Heimweh nach Apulien** – das packt die meisten, die einmal die Reise bis ans äußerste Ende Italiens unternommen haben, in den Stiefelabsatz mit dem Sporn. Und es sind immer mehr, die sich auf den Weg machen, am liebsten in die Feriendörfer auf dem Gargano, an die südlichsten Küsten von Otranto und Gallipoli im Salento oder ins Landesinnere in die Trulli-Gegend der Valle d'Itria.

Und viele kehren wieder, werden Stammgäste in den Camping- und Bungalowdörfern längs der Küste oder in den zu stimmungsvollen Ferienhotels ausgebauten Masserien, den großen Gutshöfen. Manch ein Wiederholungstäter renoviert gar ein altes Bauernhaus. Kennt man das Phänomen nicht aus der Toskana? In der Tat wäre „Toskana des Südens" für Apulien ein griffiger Werbeslogan.

In der Presse tauchen eher Begriffe wie „Trullishire" oder „Apulien-Fraktion" auf. Denn die Engländer kaufen die Trulli auf, und im Salento trifft sich zwischen Otranto, Lecce und Gallipoli das linksliberale Bürgertum aus Norditalien im stilvollen Ambiente der Masserien oder auf den Segelschiffen in den Yachthäfen zur lässigen Sommerfrische.

> **Apulien – die steinerne Toskana des Südens**

Apulien – 19 357 km² groß und von 4 Mio. Menschen bewohnt – liegt im Trend. Hier fühlt man sich wie auf einer Insel, umgeben von 836 km Küste und einem der saubersten Meere Italiens.

Apulien beginnt im Norden mit der weiten Ebene aus wogenden Weizenfeldern und Traubenplantagen, oft kaum besiedelt und von metaphysischer Einsamkeit: der *Tavoliere*, einer quadratischen Kalksteinplatte von 3000 km² Ausdehnung um Foggia. Im Osten der Ebene steigt der faszi-

Von weither sichtbar: die weiß gekalkten Häuser der Ortschaft Ostuni

nierend schöne *Gargano* an, der weit ins Meer ragende Stiefelsporn, zum Nationalpark erklärt dank seiner atemberaubenden Berglandschaft, seines dichten Waldes *(Foresta Umbra)*, seiner Küsten aus hellen Kalkschichten, geheimnisvollen Meereshöhlen und einladenden Stränden.

Im Westen Apuliens erhebt sich eine weiche Hügellandschaft voller Wälder und kleiner mittelalterlicher Ortschaften, der sogenannte *Appennino dauno*. Weiter geht es mit sanft ansteigenden Anhöhen, von denen unendliche Weitblicke auf Olivenbaum- und Rebzeilen, auf Artischockenfelder und Weidewiesen möglich sind. So etwa sieht es um Castel del Monte aus, der sagenhaften Burg des Stauferkaisers Friedrich II., eines *der* Wahrzeichen von Apulien, das auch die italienische Ein-Cent-Münze ziert.

Murgia, auch *Le Murge* genannt, heißt dieser felsige, karstige Rücken,

der sich vom Tavoliere bis hinunter gen Süden in den Salento zieht. Eine Humusschicht bedeckt das Karstgestein, durch die aber immer wieder Felssplitter an die Oberfläche dringen. Steine, Steinbrüche, Steinhäuser, Steinmäuerchen und dazwischen ein Paradies wie die Valle d'Itria im Herzen Apuliens. Ein Patchwork aus Gärten, Gemüseäckern, Obst- und Mandelbaumplantagen, aus Olivenhainen, Weingärten und mediterranem Buschwald. Dazu breiten sich auf den Hügelkuppen hübsche, orientalisch anmutende Ortschaften aus hellen Häuserwürfeln aus, über die

> **> Zu dieser Landschaft gehört gutes Essen**

sich die Silhouetten von Burg und Kathedrale erheben. Überall hineingestreut ragen die spitzen Steindächer der Trulli aus dem paradiesischen Grün.

Im *Salento* schließlich gleiten Sie auf schnurgeraden Landsträßchen durch menschenleere Olivenhaine: graugrünes, filigranes Blattwerk über urig krumm verwachsenen Stämmen – uralte Baumskulpturen.

Zu dieser Landschaft gehört gutes Essen: Kaum ein Landstrich Italiens kann mit einer derartigen Vielfalt an Gemüsesorten, an Wildkräutern, Teigwaren und Frischkäsearten aufwarten. Es gibt genügend Trattorien und viele *aziende agrituristiche*, landwirtschaftliche Pensionsbetriebe, in denen Sie an diesen kulinarischen Göttergaben teilhaben können.

WAS WAR WANN?

200 000–20 000 v. Chr. Spuren frühester Besiedlung Apuliens

2000–1000 v. Chr. Einwanderungen von Balkanvölkern: Daunier in Nordapulien, Peuketier im Hinterland Baris, Messapier im Salento

8.–4. Jh. v. Chr. Verbreitung hellenistischer Kultur in Apulien

ab 3. Jh. v. Chr. Die Römer setzen sich durch; Bau der Via Appia bis Brindisi

ab 4. Jh. n. Chr. Verbreitung des Christentums

11.–13. Jh. Blütezeit unter den Normannen und dem Stauferkaiser Friedrich II.

13.–18. Jh. Apulien steht unter der französischen Anjou-Dynastie und dem spanischen Haus Aragon; ab 1735 regieren die Bourbonen über den Süden

19. Jh. Italiens Bemühungen um nationale Unabhängigkeit enden mit der Nationalstaatbildung 1861; Unterdrückung sozialer Unruhen der Landbevölkerung

1922–45 Faschismus in Italien

1950er-Jahre Abwanderung der Landbevölkerung trotz Bodenreform; Subventionierung der Industrie Süditaliens durch Einrichtung der *Cassa del Mezzogiorno*

1991 Als Zeichen wachsenden Umweltbewusstseins Einrichtung des Nationalparks Gargano; 2004 folgt der Nationalpark Alta Murgia

1990er-Jahre Infolge der Balkankrise landen Tausende illegaler *boatpeople* vor Brindisi und Otranto

2006 Abriss einer riesigen Zementruine am Strand von Bari: epochaler Schritt im Kampf gegen die Bausünden des Südens

Schon seit Urzeiten besitzt Apulien beste Voraussetzungen für menschliche Besiedlung, das weiß man von vorgeschichtlichen Funden. Erst vor ein paar Jahren wurde das versteinerte Skelett eines frühen Apulienbewohners in einer Höhle bei Altamura gefunden – älter als der Neandertaler! Noch vor den Griechen und Römern lebten hier alte Kulturvölker, die *Daunier* mit ihren geheimnisvollen Steinstelen, zu sehen im Museum von Manfredonia, die *Peuketier* und *Messapier* mit ihrem ausgefeilten Metall- und Keramikhandwerk, das die vielen kleinen archäologischen Museen Apuliens mit erstaunlichen Schätzen füllt.

Einen prägenden Kultursprung macht Apulien mit der Ankunft der Griechen im 8.–4. Jh. v. Chr. Taranto wird das Zentrum der *Magna Graecia*. Eine Blütezeit mit regem Handel im Mittelmeerraum und raffiniertem Kunsthandwerk beginnt, wie die Museen in Bari, Taranto und Ruvo di Puglia zeigen. Im 4. und 3. Jh. v. Chr. setzt sich das Römertum durch. Der Hafen Brindisi wird das römische Handelstor zum Orient, Apulien die Korn- und Ölkammer Roms.

Im Mittelalter geben sich hier Byzantiner, Langobarden, Araber und Normannen die Klinke in die Hand. Händler und Pilger sowie Kreuzfahrer ins Heilige Land durchziehen nun Apulien. Auf die Normannen folgen die Staufer und mit ihnen Kaiser Friedrich II., der Apulien zu seinem Lieblingsland erwählt. Seine schillernde Persönlichkeit begleitet jeden Apulienreisenden.

Nach den Staufern regieren die französischen und spanischen Dynastien,

> Über allem steht die Magie des Südens

vom Meer drohen Sarazenen- und Türkenüberfälle. Derweil geht das ständig erlesener, das Olivenöl zählt zu den besten Italiens. Gerade in den letzten Jahren hat sich Apulien deutlich modernisiert. Viele Altstädte werden restauriert, die stattlichen Kastelle zu Museen umfunktioniert, im Sommer beleben Kulturfestivals und Freiluftdiskos Städte und Badeorte.

Nicht nur roter Mohn wächst im Tavoliere, der fruchtbarsten Ebene Apuliens

Leben weiter: In den hübschen Hafenstädtchen wie Gallipoli und Otranto wird eifrig verladen. Lecce, das Zentrum des Salento, bildet seinen hinreißend überschwänglichen Barockstil heraus.

Touristisch immer beliebter bietet Apulien heute eine große Vielfalt von der Kulturreise bis zum Strand- und Genussurlaub an. Der Wein wird

Und über allem steht die Magie des Südens: Wenn auch mittags unter der gleißenden Sonne Geist und Zeit stillzustehen scheinen, am Abend, wenn das große Stadtfest angesagt ist, erwacht das volle Leben. Die *luminarie* – Straßenbeleuchtungen in barockem Schnörkelstil – verwandeln Innenstädte und Häfen in märchenhafte Festsäle: zum Flanieren, Flirten, Feiern.

▶▶ WAS IST ANGESAGT?

Trends, Entdeckungen und Hotspots. Unser Szene-Scout zeigt Ihnen, was in Apulien los ist

Madia Petrosillo

Obwohl die Archäologin schon die ganze Welt bereist hat, fühlt sie sich in ihrer Heimat Apulien am wohlsten. Sooft es geht, besucht sie Familie und Freunde, um mit ihnen die Nächte durchzufeiern! Immer auf der Suche nach den neuesten Trends geht Madia Petrosillo auf Festivals, zu Vernissagen und in die angesagtesten Restaurants. Erholung pur ist für sie ein Nachmittag am Strand.

▶▶ ADVENTURE-TRIP

Ungewöhnliche Kletterlocations

Im Land aus Stein geht es zum Klettern nicht mehr nur in die Höhe, sondern auch in die Tiefe! Vor allem die *Gravine*, die für Apulien typischen Karstschluchten, ziehen Kletterer bzw. Freeclimber magisch an. So ist die *Gravina* von Statte nördlich von Taranto mit über 100 Kletterrouten der Hotspot der europäischen Climberszene *(www.parcogravine.it)*! Weiterer Kletterspot ist der Pulo bei Altamura, ein Felstrichter, der sich 80 m tief und 500 m breit in die Erdoberfläche hinabsenkt. Dem Himmel näher wollen die Freeclimber im Naturpark Parco Porto Selvaggio kommen. Kletter- und Trekkingtouren organisiert dort die *Gruppo Speleologico Neretino (Piazza Mercato 13, Nardò, www.gsneretino.it,* Foto*)*.

SZENE

▶▶ HOTEL MIT DORFANSCHLUSS

Ursprünglich und zentral

Mittendrin statt nebenan: Der neueste Trend nennt sich *albergo diffuso*. Das bedeutet, dass sich Hotels wieder im Zentrum des Dorfes ansiedeln. Dabei sind die Zimmer oder Apartments auf mehrere Häuser verteilt. Das Tolle: Verlassene Altstadthäuser werden renoviert und neu genutzt, was wiederum den Stadtkern belebt und den Hotelgästen das Gefühl vermittelt, zur Gemeinschaft zu gehören. Ein Dorf, das den Trend mit ins Leben gerufen hat: Locorotondo *(www.sottolecummerse.it,* Foto*)*. Hier wählt man aus verschiedensten, liebevoll eingerichteten Apartments wie zum Beispiel dem *Casa Fiorita (Via Aprile 17)* aus. Auch in den Orten Oria *(www.borgodioria.it)* und Mottola *(www.vecchiamottola.com)* übernachtet man stilecht in der Altstadt in kleinen ursprünglichen Häusern oder Apartments.

▶▶ HAPPY BEACH

Erlaubt ist, was gefällt

Tagesüber sonnen, nachts feiern! Die neuen All-in-one-Beachclubs halten für jeden das Passende bereit. Sport, Cocktailbar und Musik bietet *Lido Balnearea (www.balnearea.it)*. Der Beachclub am Strand von Alimini oberhalb von Otranto lockt die Locals auch nachts an die Küste. Im Strandbad *Coco Loco* am Strand von Ugento/Torre San Giovanni südlich von Gallipoli

sorgt der DJ schon ab dem Nachmittag für Stimmung *(www.lidococoloco.it)*. Eleganz am feinen Sandstrand: Der Beachclub *Lido Bassa Marea (www.enjoytoz.it)* bei Porto Cesareo überzeugt mit Loungebereich und Livemusik am Abend. Natur pur heißt es am *Hookipa Beach*. Unter Bastschirmen lassen sich Trendsetter Fingerfood aus exotischen Früchten zu Bossa-nova-Sound schmecken *(Porto Cesareo, Lido Belvedere, www.hookipabeach.it)*.

▶▶ LIVE ON STAGE

Der Sound Apuliens

Es wird wieder gerockt, und das nicht zu leise! Gehört wird der Sound am liebsten live bei Open Airs in so spannenden Locations wie z. B. den Steinbrüchen bei Lecce, Cave di Cursi und Cava di Duca, oder in Musikkneipen. Die zwei angesagtesten Festivals sind das *Salento Summer Festival*, bei dem Ska-, Reggae-, Rock- und Hardrockgruppen aus ganz Italien aufspielen *(www.salentosummerfestival.it)*, und das *Carpino Folk Festival* *(www.carpinofolkfestival.com,* Foto). Neben DJ-Sound gibt's im *Club Zenzero* in Bari auch Livekonzerte *(Traversa Colletta 12, www.zenzeroclub.it).* Jeden Donnerstag heißt es im *Jack'n Jill (Salteno Via Vittorio Veneto 40, Cutrofiano)* Ohren auf, denn der Club bietet angesagten Bands aus Apulien eine Bühne, auf der sie sich beweisen können.

▶▶ MODERN ART

Wenn Kunst zur Leidenschaft wird

Die Liebe zur zeitgenössischen Kunst wächst: Events, Ausstellungen und Installationen sind außergewöhnlich. Die *Galleria Cherin arte contemporanea (Via Gabriele D'Annunzio 22 in Lecce, www.cherinartecontemporanea.com)* bietet zum einen jungen Künstlern aus Apulien eine Plattform, zum anderen organisiert die Galerie regelmäßig eine *Residenza artistica.* Über einen bestimmten Zeitraum arbeiten Kreative z. B. in einer alten Masseria auf dem Land zusammen. Die Ausstellungen im *Museo Nuova Era Galleria d'Arte Moderna e Contemporanea (Strada dei Gesuiti 13, Bari, www.museonuovaera.it)* zeigen, wie aufregend moderne Kunst sein kann. Neu trifft auf Alt, heißt es in der *Galerie Riva arte contemporanea (Via Umberto I 32, Lecce, www.rivaartecontemporanea.it,* Foto*).* Unter altem Gewölbe kommen die eindrucksvollen Gemälde noch besser zur Geltung.

▶▶ PURER GESCHMACK

Sushi auf Italienisch

Frisch und roh und unglaublich lecker! Die Rede ist von Fisch und Meeresfrüchten. In den angesagtesten Restaurants Apuliens bleibt der Grill kalt. Gamberoni und Co. werden – kaum dass die Fischer sie aus dem Meer gezogen haben – roh auf dem Teller angerichtet. Der Geschmack ist intensiv und pur! Im Restaurant *Da Nicola* in Torre del Mare diniert man auf der Terrasse direkt vor dem Hafen (*Via Principe di Piemonte 3*) und im *Da Tuccino* lassen sich Gourmets die sogenannten *crudi di mare* in edlem Ambiente schmecken (*Via Santa Caterina 69f, Polignano a Mare, www.tuccino.it*). Tipp: Wer mag, isst die rohen Meerestiere direkt am Strand beim Fischer.

▶▶ ETHNO-DANCE

Pizzica lernen und leben!

Das Pizzica-Fieber greift um sich. Jeden Sommer kommen Tausende Tanzbegeisterte in den Salento, um bei den Trance- und Rhythmusfesten dabei zu sein. Die Mitglieder der Pizzica-Gruppe *Officina Zoe'* (*www.officinazoe.com*), die den Tänzern mit ihren schnellen Rhythmen einheizen, haben mittlerweile Kultstatus erreicht. Das unverzichtbare Instrument ist das *Tamburello*. Die besten bekommt man bei Giampiero Donno in *La Bottega della Tarantola* (*Via Massaglia 112, Lecce*). Wer mehr Pizzica will, geht in den Pizzica-Plattenladen *Suon dal Mondo* und kauft sich seine Lieblingsmusik (*Vicolo Maiorano 8, Otranto, www.suonidalmondo.com*).

▶▶ BÜHNE FREI

Festivalfieber

Die Theater- und Filmszene boomt, und mit ihr die Festivals! In zahlreichen Städten Apuliens wird in der letzten Juliwoche beim *Festival La Ghironda* Theater auf Plätzen und in den Innenhöfen der Palazzi gespielt (*www.laghironda.it*). Das *Trani Film Festival* Anfang August hat sich auf Kurzfilme spezialisiert (*www.tranifilmfestival.it*). Mitte September werden im Rahmen des *Salento International Film Festivals* in Tricase internationale Independent-Filme und eine Sektion arabischer Filme gezeigt (*www.salentofilmfestival.com*, Foto).

ARCHITEKTUR

Für Freunde der Architektur besitzt
Apulien einzigartige Schätze: ange-
fangen mit den einmaligen *trulli,* den
Häuschen mit spitzen Kegeldächern
gänzlich aus mörtellos geschichteten
Feldsteinen, die man nur hier in Apulien um Alberobello zu sehen bekommt. Einen Höhepunkt bilden die
normannisch-romanischen Kathedralen in Städten wie Bari, Bitonto, Bis-

ceglie, Giovinazzo oder Trani, Sa-
kralbauten, bei denen sich die romanischen Stilelemente aus dem damals
stilbildenden Norditalien und dem
Burgund mit für Apulien typischen
orientalischen Einflüssen mischten.
Dahinter stand eine starke politische
Kraft, die der Normannenherrscher.
Auch die Staufer, allen voran Friedrich II., hatten Einfluss genug, um
ihren architektonischen Stempel auf-
zudrücken, so die zahlreichen Fes-

Bild: San Sabino in Bari

STICH WORTE

tungsanlagen und das sagenhafte Castel del Monte.

Gegen die Strenge der Stauferkastelle steht die überschäumende Barockarchitektur, die sich – gemeißelt aus dem lokalen gelben Sandstein – in Lecce und Nardò in einer Zeit entwickelte, als sie zu führenden Handelszentren im Salento heranwuchsen. Ebenso wurde Martina Franca zu einer eleganten Barockstadt, weil sich im 17. und 18. Jh. ein

starkes Bürgertum herausbildete. Eine architektonische Besonderheit sind zudem die spitzgiebeligen Reihenhäuser in der Altstadt von Monte Sant'Angelo oder die kreisförmig um den Altstadthügel gezogenen Häuserzeilen in Locorotondo. Und um sich in Matera die vor Felshöhlen gebauten Grottenwohnungen – ein ganzes Stadtviertel – anzuschauen, lohnt sich ein Schlenker über die Grenze zur Basilikata.

DOLMEN

Sichtbare Überbleibsel aus frühgeschichtlicher Zeit (vor 30 000 bis 40 000 Jahren) sind die Megalithgräber, Dolmen genannt, die Sie hier und dort in den Olivenhainen erblicken. Errichtet aus mächtigen, in den Boden gerammten Steinplatten, sind es stille Zeugen einer uralten Sakralität. Eindrucksvolle Grabstätten stehen 5 km südlich von Bisceglie *(Dolmen Chianca),* 4,5 km südwestlich von Giovinazzo und bei Minervino im Salento *(Dolmen di Scusi).*

FRIEDRICH II.

Stauferkaiser Friedrich II. (1194 bis 1250) – der geniale letzte große Messiaskaiser des Mittelalters, überragend in allem, in Rechts- und Menschenkenntnis, in Weltoffenheit, Wissenschaft und Musischem. In Apulien ist er allgegenwärtig. Im Namen von Friedrich werden Reisen nach Apulien organisiert, Städtepartnerschaften initiiert, von der apulischen Tourismusbehörde Routen angelegt und Feste gefeiert. Ganze Bibliotheken sind ihm gewidmet, und apulische Weine und Firmen tragen seinen Namen. Eine informative Webseite zur apulischen Kultfigur Friedrich finden Sie unter *www.stupormundi.it* (italienisch, aber auch mit deutschen Texten).

MASSERIE

Inmitten der weiten Agrarlandschaft Apuliens sehen Sie immer wieder stattliche alte Gutshöfe, über 2000 an der Zahl. Es sind Überbleibsel des adligen Großgrundbesitzes, der Apuliens Landwirtschaft über Jahrhunderte prägte. Im 15. und 16. Jh. baute man sie aus wie Festungsanlagen, ummauert mit Wachtürmen und Schießscharten, zum Schutz vor Bri-

Gepflanzt für Generationen: Olivenbäume werden Hunderte von Jahren alt

ganten und den türkischen Überfällen. Zum Komplex gehörten das Herrenhaus, die Kapelle, die Ölmühle und eine ganze Anzahl Nebengebäude für die Landarbeiter, für Gerätschaften, Vieh und die Ernte. Eine abgeschlossene feudale Welt für sich mit Dutzenden von Familien, die auf dem Hof lebten. Lange waren sie dem Verfall preisgegeben, heute haben viele besonders schöne Gutshöfe als edle, teure Ferienhotels zu neuem Leben gefunden: Geschmackvoll restauriert wurde ihr hellgelbes Sandsteingemäuer, ihre Gewölbe, Torbögen und Innenhöfe, ihre Dachbalken und majolikagekachelten Fußböden. Sie sind im Sommer kühle Oasen, oft gar mit Schwimmbad, und liegen meist inmitten schattiger Plantagen aus Weinreben, Olivenbäumen und duftenden Zitrushainen. Natürlich gibt es auch die schlichteren und damit preiswerteren Varianten. Infos im Internet unter *www.masserien.de, www.masseriepuglia.com.*

OLIVENÖL – DAS FLÜSSIGE GOLD

Apulien ist mit seinen 40 Mio. Olivenbäumen und seinen 250 Mio. Litern Olivenöl der größte Ölproduzent Italiens. Die Region lässt sich – grob gesagt – in drei für die Olivenölproduktion relevante Gebiete unterteilen: das landwirtschaftliche Hinterland von Bari mit großen Ölmühlen für Massenproduktionen, unter denen sich durchaus auch ausgesucht gutes Olivenöl findet. Dann der Salento mit besonders schönen alten Olivenhainen. Die nördliche Provinz

Foggia hat schließlich einen besonderen Variantenreichtum an Geschmacksnoten zu bieten, je nach Olivensorte, je nach Nähe zu den daunischen Bergen oder zum Meer.

Besonders sorgfältig hergestelltes Olivenöl darf sogar ein Qualitätsprädikat mit Herkunftsbezeichnung *(Dop)* auf dem Etikett führen: je nach Gebiet *Terra di Bari, Terra d'Otranto* (im Salento), *Collina di Brindisi* (Valle d'Itria) und *Dauno* (der Apennin von Foggia).

PATER PIO

Sie werden ihm in Apulien (und nicht nur dort) auf Schritt und Tritt begegnen, als Amulett auf dem Armaturenbrett des Taxis, als Bild oder Statue in Bars, Geschäften, Hotels, in Privathäusern. Man bewahrt sein Konterfei in Brief- und Handtasche auf. Einst vor allem von einfacheren Leuten verehrt, ist er heute in aller Munde und Herzen, ja geradezu ein Prominentenheiliger. Sein Wallfahrtsort San Giovanni Rotondo auf dem Gargano hat an Pilgerzahlen längst Lourdes und Assisi überrundet und nimmt weiter zu, denn Pater Pios Leichnam wurde jüngst exhumiert und bleibt bis Ende September 2009 aufgebahrt. 2002 sprach man ihn offiziell heilig, denn den Berichten, dass er unheilbar Kranke gesund zu machen vermochte – ist Glauben geschenkt worden. Der 1887 geborene Kapuzinermönch hatte mit 31 Jahren eine Erscheinung und fand sich mit den Jesus-Wundmalen an Händen und Füßen wieder – für die Wissenschaft ein unerklärliches Phänomen. Pater Pio behielt die Male bis zu seinem Tod 1968 bei, und schon zu Lebzeiten brachten diese Zeichen viele Leute dazu, ihm übernatürliche Kräfte zuzutrauen. Tatsächlich gründete er

Pilgerziel San Giovanni Rotondo: 2008 wurde der wundertätige Pater Pio exhumiert

ein für den damals unterversorgten Süden phantastisches Krankenhaus, in dem heute 2500 Ärzte und Krankenschwestern arbeiten. Auch in modernen Zeiten wirken Wunder.

TARANTISMO

Das Bedürfnis, sich den Wahnsinn aus der Seele zu tanzen, wird dem giftigen Biss der Tarantelspinne zugeschrieben, doch vielleicht ist es auch die Einsamkeit im von der Sonne glühenden, menschenleeren Land, der vor allem Frauen in diesen ekstatischen Zustand überreizter Nerven trieb. Auf dem Patronatsfest in Galatina im Salento fanden sich bis in die 1980er-Jahre die Frauen zu Ehren von Petrus und Paulus Ende Juni ein und zuckten stundenlang wie besessen zum kreischenden Klang der Geige und zum rhythmischen Schlag des Tamburello. Der Tarantismo war ein von der Kirche geduldetes Ritual choraler Volkstherapie, vielleicht sogar ein Überbleibsel dionysischen Rausches.

Seit mehreren Jahren leben die obsessiven Musikrhythmen wieder auf, *pizzica pizzica* (pizzicare = zwicken) oder *pizzica taranta* genannt. Oft sind es die letzten alten Musiker, die zusammen mit jungen Gruppen – Apuliens Musikszene gehört zu den lebendigsten Italiens – auf den sommerlichen Dorffesten in Apulien, aber längst auch in ganz Italien aufspielen: in einem fieberhaften, tranceartigen Rhythmus, der die Piazza unwiderstehlich zum Tanzen bringt … für Traditionsbewusste mittlerweile allzu rummelig.

WIRTSCHAFT

Olivenhaine, Gemüse und Obstplantagen, Rebgärten und riesige Weizenfelder gedeihen in der Ebene Apuliens – nach der Po-Ebene das weiträumigste Flachland Italiens – und auf den Hügeln der Murgia und des westlichen Apennins. Die landwirtschaftlichen Erzeugnisse sind immer noch das Standbein der apulischen

> *www.marcopolo.de/apulien*

Wirtschaft. Hier wachsen alljährlich 800 Mio. kg Hartweizen, die wesentliche Grundlage der italienischen Pastaproduktion. Hinzu kommen 600 Mio. kg Tomaten, 500 Mio. kg Tafeltrauben sowie 300 Mio. kg Oliven und 200 Mio. kg Artischocken. Die Industrie setzt vorwiegend auf die Weiterverarbeitung der landwirtschaftlichen Produkte, auf Möbel- und Textilherstellung. Und während in Taranto die großen Schwerindustrieanlagen längst in einer tiefen Krise stecken, entwickelt sich Bari zunehmend zu einem einflussreichen Handelszentrum, das sowohl nach Norden als auch auf den gesamten Mittelmeerraum ausgerichtet ist. Und zugleich setzt man auf den Ausbau von Forschung und Dienstleistung im Bereich der modernen Informationstechnologien.

Leider hat aber Apulien auch seine organisierte Kriminalität, *Sacra Corona Unita* genannt, die im Wirtschaftsleben eine nicht geringe Rolle spielt, vor allem im Baugewerbe. Hinzu kommen Schutzgelderpressung, Zigarettenschmuggel und Verknüpfungen mit der Albanien-Mafia. Touristen bleiben von diesen Machenschaften jedoch unberührt.

> BÜCHER & FILME
Der heiße Süden als Kulisse für Dramen und Passionen

> **Wie ein Lamm unter Löwen (2000)** – Spannend und interessant zu lesen ist dieser dicke Wälzer von Tilman Röhrig über das Leben des Stauferkaisers Friedrich II. und die Welt des Mittelalters.

> **Reise in die Nacht, In freiem Fall, Das Gesetz der Ehre (auf Deutsch 2007)** – Der Bestsellerautor Gianrico Carofiglio war viele Jahre Antimafia-Staatsanwalt in Bari, das macht die Krimis um die sympathische Hauptfigur, den Bareser Anwalt Guido Guerrieri, so realistisch und mitreißend.

> **Ich habe keine Angst (Io non ho paura, 2003)** – Nach der Vorlage des gleichnamigen Bestsellers von Niccolò Ammaniti entdeckt eine Gruppe von Kindern die üblen Machenschaften der Erwachsenenwelt. Und das vor der Kulisse der wogenden, endlosen Weizenfelder Apuliens (Regie Gabriele Salvatores).

> **Drei Brüder (Tre fratelli, 1981)** – Ein Klassiker des italienischen Films. Der große Regisseur Francesco Rosi erzählt ein für Süditalien typisches Emigrantenschicksal von drei Brüdern, die zum Begräbnis ihrer Mutter in ihr Heimatdorf in der Murge zurückkehren, desillusioniert und voller Heimweh.

> **Pizzicata (1996)** und **Sangue Vivo (2000)** – Beide Filme sind von Edoardo Winspeare, dem Kultfilmer aus dem Salento, der den obsessiven Salento-Rhythmus der Pizzica zum Grundton seiner Filmerzählungen macht. Auf Italienisch.

> **Lacapagira (2000)** und **Mio cognato (2003)** – Doku-Kino über die Ganovenszene Baris, gesprochen von Laiendarstellern im Dialekt: ironisch, abgedreht und absolut sehenswert. In Deutschland laufen die Filme von Alessandro Piva öfters in italienischen Kulturinstituten.

FEIERN ZUM SOUND DES SÜDENS

Mystische Prozessionen, Tanzfeste und Kulturfestivals

> In Apulien können Sie ein reiches Programm an tief verwurzelten Festtraditionen, kulinarischen Events und sommerlicher Unterhaltung genießen – häufig vor historischer Kulisse. *Infos mit aktuellen Daten in allen Fremdenverkehrsämtern*

OFFIZIELLE FEIERTAGE

1. Jan. *(Capodanno);* **6. Jan.** *(Epifania);* **Ostersonntag und Ostermontag** *(Pasqua/Pasquetta);* **25. April** Tag der Befreiung vom Faschismus *(Liberazione);* **1. Mai** *(Festa del Lavoro);* **2. Juni** Ausrufung der Republik 1946 *(Proclamazione della Repubblica);* **15. Aug.** *(Ferragosto);* **1. Nov.** *(Ognissanti);* **8. Dez.** *(Immacolata Concezione);* **25. Dez.** *(Natale);* **26. Dez.** *(S. Stefano)*

FESTE UND VERANSTALTUNGEN

Karneval

Im Städtchen Putignano (Provinz Bari) aufwendiger *Festumzug* mit Satireszenen in Pappmaché

Ostern

Allerorten in Apulien finden feierliche *Karprozessionen* statt, etwa in Ruvo di Puglia, in Bitonto, die <mark>Flammenprozession</mark> in San Marco in Lamis, vor allem aber die dramatischen ⭐ *Büßer- und Passionsrituale* in Taranto, bei denen die Büßer barfuß drei Tage lang in extrem langsamem Wiegeschritt zum gespenstischen Klang der Holzklappern *(troccole)* durch die Stadt ziehen.

Insider Tipp

7./8. Mai

Festa di San Nicola in Bari: Dem großen Stadtheiligen San Nicola, dessen Reliquien im 11. Jh. von Bareser Seefahrern den Türken entrissen worden waren, wird mit festlichen *Bootsprozessionen* auf offenem Meer gehuldigt.

Juli–September

In den Sommermonaten und vor allem zu Ferragosto (15. August) finden überall *Folkloretreffen, Feuerwerke, Schlemmerfeste* und *Feste zu Ehren der Schutzheiligen* statt.

Aktuelle Events weltweit auf www.marcopolo.de/events

> EVENTS
FESTE & MEHR

Mitte Juni–Mitte August
Bandalarga: zahlreiche Platzkonzerte in Conversano mit den besten Musikkapellen Süditaliens *(www.banda conversano.it)*

Letzte Juli-/1. Augustwoche
⭐ *Festival della Valle d'Itria* in Martina Franca: ein hochkarätiges Festivalprogramm zu Oper und Musiktheater *(www.festivaldellavalleditria.it)*

15./16. August
Festa di San Rocco in Torrepadule: feierliche *Prozession* mit Tanzritualen zum hypnotischen Schlag des Tamburello, so die *danza delle spade,* ein mimisch dargestellter Schwertkampf

Insider Tipp

Mitte August– letztes Augustwochenende
▸▸ *La Notte della Taranta:* Auf den Plätzen der neun Gemeinden der Grecia Salentina spielen salentinische, italienische und internationale Ethnomusiker Rhythmus- bzw. Trancemusik; zum großen Finale treffen sich Abertausende in Melpignano am letzten Samstag im August *(www.nottedellataranta.net).*

26. August
Cavalcata di Sant'Oronzo in Ostuni: Das Fest zu Ehren des Schutzheiligen kulminiert in einer eindrucksvollen Reiterparade auf den prachtvoll geschmückten, pechschwarzen Pferden von Martina Franca.

8. September
Festa della Vergine dei Martiri im Hafenstädtchen Molfetta: Diese von phantastischem Feuerwerk begleitete Bootsprozession zählt zu den Höhepunkten süditalienischer Volksfrömmigkeit.

Ab Mitte Dezember
Fiera dei Presepi e dei Pupi in Lecce: schöner Weihnachtsmarkt, dessen Stände mit Krippenfiguren aus Pappmaché sich um das Castello Carlo V reihen

> *Mare e terra* – **Zutaten aus dem Meer und vom Land – beherrschen die Küche Apuliens. Die absoluten Protagonisten sind Gemüse, Pasta aus Hartweizenmehl und natürlich das goldgrüne Olivenöl.**
Die bekannteste Pastasorte, die mit Apuliens Küche nahezu gleichgesetzt wird, sind die *orecchiette,* kleine, runde Nudeln, deren Form an Ohren erinnert *(orecchiette* = Öhrchen). Eine ebenso wichtige Rolle wie die Pasta spielt das Brot in Apu-

lien. Da gibt es den Teigkringel *frisedda,* meist zweimal gebacken und damit länger haltbar, der auch gern in Tomatensauce aufgeweicht wird. In ganz Italien berühmt ist der Brotlaib aus Altamura. Wenn Sie Glück haben, finden Sie noch eine Bäckerei, die dieses Hartweizenbrot traditionell im Holzofen backt.

Auf den Märkten beeindrucken vor allem die zahlreichen taufrischen Gemüsesorten und Hülsenfrüchte;

Bild: Osteria Travibuco in Bari

ESSEN & TRINKEN

das beginnt mit den *fave,* den hell-
grünen, knackigen Saubohnen, aus
denen man ein mit Knoblauch ge-
würztes Mus macht oder die frisch
mit Schafskäse, Pfeffer und Olivenöl
gegessen werden. *Ceci,* Kichererbsen, werden ebenfalls als Mus zubereitet oder zusammen mit der kurzen,
gezwirbelten Pastasorte *cavatieddi*
serviert. Dann gibt es alle möglichen
Brokkolisorten, Zichorien, Karden,
Auberginen, Artischocken, Pilze und

natürlich Tomaten. Die Apulier sind
Meister der Gemüsekonservierung,
dabei hilft ihnen die glühende Sonne
sowie ihr Olivenöl, in das sie gegrilltes und gekochtes Gemüse einlegen –
besonders köstlich die Auberginen.
Probieren Sie auch die berühmten
pomodori secchi, die getrockneten
Tomaten. Sie werden kurz in Essig-
wasser weich gekocht, abgetrocknet
und dann in Olivenöl, Oregano und
Knoblauch eingelegt: eine würzige

Köstlichkeit als Beilage, in Nudelsoßen oder auf geröstetem Brot. Gemüse und Hülsenfrüchte tauchen sogar in Süßspeisen auf, wie in den frittierten süßen Teigtäschchen *caciuni* aus Kichererbsen und Schokolade.

Fleisch steht in Apulien in vielen Varianten auf der Speisekarte. Vom Schwein gibt es schmackhafte Würste und Salamisorten, vom Lamm wird alles gern gegessen, sogar die Innereien, *gnumarieddi* genannt. Hin und wieder stößt man noch auf die *fornelli*, Metzgereien mit Imbiss, in denen Sie würzig Gegrilltes bekommen.

Längs der Küste dominieren Fisch und Meeresfrüchte das Angebot, allen voran die Miesmuscheln *(cozze)*,

> SPEZIALITÄTEN

Genießen Sie die typische Küche Apuliens!

alici arracanate – Ofenschichtauflauf aus Sardellen mit Semmelbröseln und einem Hack aus Minze, Kapern, Oregano und Knoblauch

casseruola di polipetti – Ragout mit Polypen oder Tintenfischen mit Tomaten, Zwiebeln und Weißwein, das zu Pasta oder mit Brot gegessen wird

cozze arracanate/alla tarantina – in einem irdenen Topf gegarte Miesmuscheln mit Semmelbröseln, Knoblauch, Petersilie und Weißwein

dentice alle olive – ein typisches Gericht aus Bari: eine im Ofen gegarte Zahnbrasse in einem Sud aus Olivenöl und schwarzen Oliven

dolci – das sind vor allem süße Teigwaren mit Füllungen aus Mandeln, Rosinen, Zimt, Zitrusfrüchten, klein gehackten Nüssen und vielem anderen mehr

lampascioni – dieses wild wachsende Knollengemüse, kleine, leicht bittere Zwiebeln, wird entweder gedünstet oder mit *vincotto* (dickem, süßem Weinsirup) und Essig *agrodolce* (süß-sauer) als Fleischbeilage zubereitet

minestra maritata – überbackene Fleischbrühe mit Gemüse- und Schafskäseschichten, typisch für den Raum Foggia

orecchiette – öhrchenförmige Pasta, wird häufig mit *cime di rapa*, einem brokkoliähnlichen Gemüse, *peperoncino* und *pecorino* gegessen (Foto)

taralli – bekanntestes apulisches Teiggebäck: ein angenehm mürber Kringel, mal salzig mit Pfeffer und Fenchel gewürzt, mal leicht gesüßt

tiella – der dem Spanischen entlehnte Begriff für „Topf" steht für geschichtete Ofenaufläufe: so beispielsweise mit Miesmuscheln oder mit Pilzen und Kartoffeln

zuppa di pesce alla gallipolina – typische Fischsuppe meist auch mit Tintenfischen, Krebsschwänzen und Miesmuscheln

deren Zucht am oberen Gargano und im Golf von Taranto einen bedeutenden Wirtschaftsfaktor darstellt. Probieren Sie auch die Seeigel *(ricci di mare)* oder die Fischsuppe. Die berühmteste Variante isst man in Gallipoli, *zuppa di pesce alla gallipolina.* Neben kleinen Klippfischen und Edelfisch gehören Krebsschwänze, Tintenfische und Miesmuscheln hinein – und ein ordentlicher Schuss Essig. Dieses aufwendigere Gericht steht nicht immer auf der Tageskarte (bei Tischbestellung gleich nachfragen).

Schließlich sei noch der Käsereichtum Apuliens erwähnt, allen voran die *burrata* aus dem Raum Andria, ein frischer Knetkäseball, gefüllt mit Butterrahm – eine köstliche Kalorienbombe. Probieren Sie auch die schnittfesten Weichkäse wie *caciocavallo, scamorza, provolone.*

Apulien kann mit einer großen Weinproduktion aufwarten, die gerade in den letzten Jahren einen erheblichen Qualitätssprung zu verzeichnen hat. Vormals von etwas grober Note und hoch alkoholisch, haben die Winzer ihre Tropfen heute verfeinert. In erster Linie sind es Rotweine aus Rebsorten wie *Primitivo* (um Taranto und Bari), *Negro Amaro* (aus dem Salento) und die *Uva di Troia* (um Foggia und Bari). Weißweine sind vor allem der *Verdeca*, der *Bianco d'Alessano* und der *Bianco Locorotondo* (aus der Valle d'Itria), der *Bombino Bianco* und der *Trebbiano* (um San Severo). Die Einführung neuer, internationaler Rebsorten wie *Cabernet, Chardonnay, Sauvignon* hat vor allem in der Umgebung von Andria und dem berühmten Castel del Monte in den letzten Jahren

unter Weinkennern zu hoch gelobten Tropfen geführt. Außerdem finden Sie in Apulien – ziemlich einzigartig für den italienischen Weingeschmack – Rosé, den *Rosato,* der besonders gern zu Fisch getrunken wird.

Traditionelle Barriquelagerung sorgt für einen guten, vollmundigen Rotwein

Ein Tipp zum Schluss: In einem Restaurant sollten Sie es immer dem Kellner bzw. dem Saalchef überlassen, Ihnen einen Tisch zuzuweisen. Dabei werden Ihre Vorlieben gern berücksichtigt.

Üblich ist ein Gedeckpreis *(coperto,* ab 1,50 Euro) und manchmal auch ein Bedienungsgeld von 10 bis 15 Prozent, das zu den Menüpreisen auf der Karte hinzugerechnet wird. Abends setzt man sich kaum vor 20.30 Uhr zu Tisch.

OLIVENÖL, KERAMIK & FEINE STOFFE

Traditionelle Handwerkskunst – doch auch Modefreaks kommen auf ihre Kosten

> Wer in Apulien nach schönen Mitbringseln Ausschau hält, wird hier wahrscheinlich problemlos fündig. Das liegt daran, dass die Apulier immer schon ein Händchen für Handel und gute Lebensart hatten, dass sich ihre landwirtschaftlichen Erzeugnisse wie Olivenöl und Wein zum Mitnehmen bestens eignen und dass ihr Traditionsbewusstsein, aber auch das Interesse der Touristen ihre typischen Handwerkszweige am Leben erhalten haben.

KUNSTHANDWERK

Etwas ganz Besonderes sind die Figuren, meist Heilige und Madonnen, aus Pappmaché *(cartapesta)*, für die der Salento, insbesondere Lecce, die absolute Hochburg ist. Hier werden Sie zahlreiche Geschäfte mit Cartapesta-Figuren finden. Überhaupt erlebt die Handwerkskunst ein Revival, an Nachwuchs mangelt es nicht. Das betrifft vor allem Skulpturen, Lampen, Schalen in oft sehr formschönem Design aus *pietra leccese*, dem hellen, feinporigen und weichen Stein aus den Brüchen um Lecce. Schließlich noch Lampen, Tischgestelle, Garderobenständer aus Schmiedeeisen, ein Zentrum dafür ist Martina Franca.

Berühmt ist Apulien auch für die Keramik aus Grottaglie mit ihren hell glasierten Tellern oder für die der griechischen Antike nachempfundenen Tonkrüge und Amphoren. Weitere Keramikzentren sind z. B. Corato, Terlizzi, Ruffano. Eine der letzten Keramikwerkstätten, in der jeder Teller, jeder Krug noch per Hand an der Drehbank geformt und bemalt wird, sind die *Fratelli Donato e Antonio Colì* in Cutrofiano *(Via Roma 63)*. Aus Keramik sind auch die lustigen *fischietti*, kleine bunte Tonpfeifen in Gestalt von Tieren und Menschen (so beispielsweise als Polizist, Pope oder Ritter). Sie kommen aus Rutigliano und Ostuni.

Inside Tipp

MÄRKTE

Auf Wochenmärkten gibt es neben frischem Obst und Gemüse auch Haushaltsgeräte, die Liebhaber italienischer Küchenart interessieren, sowie ein rela-

> EINKAUFEN

tiv preiswertes Angebot an Schuhen und Kleidung. Auch Antiquitäten- und Trödelmärkte erfreuen sich stets großer Beliebtheit. Ausgefallenes und Elegantes erhalten Sie in den Zentren der größeren Städte wie Bari und Lecce sowie in Ferienorten wie Peschici und vor allem Vieste.

STOFFE & SPITZEN

Schöne Webstoffe und Spitzen finden Sie vor allem in Alberobello, Lecce, Maglie und Galatina. Zwei besonders gute Adressen für schöne Tisch- und Bettwäsche aus feinsten Webstoffen sind in Carpino auf dem Gargano *Il Telaio di Carpino* (Via Padre Pio | *www.iltelaiodi carpino.it*) und in Tiggiano im Salento *La Tessitura Calabrese* (Via Provinciale per Alessano Nr. 42 | *www.tessituracala brese.it*).

WEIN & OLIVENÖL

Fragen Sie in den Fremdenverkehrsämtern oder Ihre Wirtsleute nach Weinerzeugern, die Direktverkauf anbieten, oder nach den *cantine sociali,* den Winzergenossenschaften. Beachten Sie folgende Wein-Dates zum Verkosten, Kennenlernen und Kaufen: Am letzten Maisonntag stehen zu den *Cantine Aperte* die Kellereien offen. Am 10. August finden die *Calici di Stelle* mit Weinpräsentationen in zahlreichen Ortschaften Apuliens statt. Und am letzten Septembersonntag dreht sich alles um die *Feste della Vendemmia,* die Winzerfeste in den Weinzentren. Die Adressen der beteiligten Kellereien finden Sie unter *www.mtvpuglia.it* und bei den Fremdenverkehrsbüros.

Dasselbe gilt für das Olivenöl, *olio d'oliva extravergine,* das Sie direkt beim Erzeuger kaufen können – oder im örtlichen Supermarkt. Achten Sie immer darauf, kalt gepresstes Öl aus der letzten Ernte zu nehmen, denn Öl hält sich nicht ewig. Schmackhafte Mitbringsel sind auch die eingelegten Gemüsevariationen, allen voran die typischen *pomodori secchi* und die Knoblauchzwiebelchen *lampascioni,* beide in Olivenöl konserviert.

> VOM TAVOLIERE AUF DEN STIEFELSPORN

Badebuchten in weißem Fels, dichte grüne Wälder und wogende Weizenfelder

> **Um Foggia, die erste größere Stadt, wenn Sie vom Norden nach Apulien kommen, breitet sich der *Tavoliere* aus, eine weite Ebene auf einer flachen Kalkplatte mit endlos weiten Tafeltraubenplantagen und ausgedehnten Kornfeldern.**
Schon zu Zeiten der Römer und unter Friedrich II. war diese Gegend die Kornkammer Italiens – vor allem mit *grano duro,* dem Hartweizen für die Pasta. Während den Tavoliere im Westen die beschauliche, grüne Mit-

telgebirgslandschaft der Monti della Daunia begrenzen, steigt zum Osten hin der Gargano – der Sporn des italienischen Stiefels – langsam aus der Ebene an. Als große Halbinsel wächst er weit ins Meer hinaus und erklimmt rund 1000 m Höhe. Mit seinen lebhaften, alten Fischerstädtchen am Fels über dem Meer wie Peschici und Vieste, seinen weißen, spektakulären Klippen und langen Sandstränden, seinen schattigen Wäldern im Innern

Bild: Küste bei Vieste

DER GARGANO

und seinen beiden, jeder auf seine Art interessanten Wallfahrtsorten Monte Sant'Angelo und San Giovanni Rotondo bildet der Gargano den Höhepunkt – im wahrsten Sinne des Wortes – an der italienischen Adriaküste.

FOGGIA

[112 C4] **Vor rund 2500 Jahren war hier das Land der Daunier, eines der alten apulischen Kulturvölker, wobei die Stadt**bildung Foggias erst im Mittelalter unter den Normannen begann.** Später ließ Stauferkaiser Friedrich II. einen prächtigen Regierungspalast errichten, den die Herrscherdynastie der Anjou wieder demolierte. Den Rest der mittelalterlichen Stadt zerstörten das Erdbeben von 1731 und die Bomben des 2. Weltkriegs. Für Touristen lohnt der Besuch der geschäftigen Provinzhauptstadt (156000 Ew.) wegen einer Reihe interessanter Museen, allen voran das *Museo Civico* mit daunischen und römischen Funden *(Piazza Vincenzo Nigri 1 | Mo bis Sa 9–13, Di, Do auch 16–19 Uhr)* im *Palazzo Arpi*, dessen Fassade ein Überbleibsel des Stauferpalastes aufweist: einen Portalbogen auf zwei Adlern. Das gut ausgestattete Touristenbüro für die gesamte Provinz: *APT | Via Perrone 17 | Tel. 08 81 72 31 41 | siehe auch: www.daunia dafavola.it*

und infrastrukturell eine ideale Lage, was schon die Römer zu nutzen wussten. Das sehenswerte *Amphitheater* am östlichen Altstadtrand stammt aus dieser Zeit *(zzt. wegen Restaurierung geschl.).* Später siedelte hier oben Friedrich II. seine Leibwache an, Tausende muslimische Sarazenen aus Sizilien, die dem Papst ein Dorn im Auge waren. Von der mächtigen Anlage *Fortezza Sveva-Angioina* sehen Sie noch die

Weit ist der Blick in Lucera von der Fortezza Sveva-Angioina

■ ZIELE IN DER UMGEBUNG ■

LUCERA ☀   [112 B4]

Von der Anhöhe des lebhaften Städtchens Lucera (18 km westlich von Foggia, 36 000 Ew.) genießen Sie einen herrlichen Blick über die wie ein geometrischer Flickenteppich gegliederte Ebene von Foggia. Strategisch

eindrucksvollen Backsteinmauern, die Karl von Anjou nach der Schleifung des staufischen Kastells errichten ließ, außerdem Wachtürme und Reste von Friedrichs Palast *(April bis Okt. Di–So 9–14, 15–18, Juni–Sept. bis 20 Uhr, Nov.–März Di–So 9–14 Uhr).* Geschichtlich interessant ist im

Zentrum der gotische *Duomo Santa Maria Assunta,* denn er steht auf den Fundamenten einer sarazenischen Moschee. Für eine Nacht in einem besonders schönen Altstadtpalazzo empfiehlt sich das Bed & Breakfast *Le Foglie di Acanto (4 Zi. | Via L. Frattarolo 3 | Tel. 08 81 54 66 91 | www.lefogliediacanto.it | €€).*

TROIA ✴ [112 B5]

Auch dieses alte, verschlafene Städtchen (7900 Ew.) 17 km südwestlich von Foggia schaut von den ersten Anhöhen des daunischen Apennins auf den weiten Tavoliere. Architektonisch herausragend ist die wie aus feiner Spitze gestaltete ★ Fensterrose von *Santa Maria Assunta,* der Kathedrale aus dem Mittelalter, als Troia ein bedeutendes Bistum war. Beachtenswert ist auch das 1119 datierte Bronzeportal und der stimmungsvolle Innenraum.

MANFREDONIA

[113 D3] Am weiten, flachen Golf von Manfredonia erstreckt sich die Hafenstadt (58 000 Ew.) mit ihrem wenig einladenden Industriegürtel. Der Sohn Friedrichs II., Manfred, ließ sie Mitte des 13. Jhs. errichten, um die Überlebenden der bei einem Erdbeben völlig zerstörten antiken Nachbarstadt Siponto hier neu anzusiedeln. Zwei mittelalterliche Kirchen am südwestlichen Stadtrand Manfredonias stammen noch aus Siponto: ★ *Santa Maria Maggiore* und *San Leonardo.*

■ SEHENSWERTES ■

MUSEO NAZIONALE ARCHEOLOGICO

Im Stauferkastell beim Hafen sind die phantastischen, höchst mysteriösen ★ *Stelen der Daunier* aus dem 7. bis 6. Jh. v. Chr. ausgestellt, Steinplatten mit männlichen und weiblichen Merkmalen sowie seltsamen Zeichen. Über 1500 dieser Stelen fand man im Hinterland. *Tgl. 8.30 bis 19.30 Uhr, 1. und letzter Mo im Monat geschl. | Corso Manfredi*

SAN LEONARDO DI SIPONTO

Die 10 km außerhalb an der Straße nach Foggia gelegene romanische Abteikirche mit einem eindrucksvol-

MARCO POLO HIGHLIGHTS

★ **Fensterrose von Santa Maria Assunta**
Spitzenmuster aus Stein in Troia
(Seite 33)

★ **Santa Maria Maggiore und San Leonardo**
Zwei Kirchen der antiken Stadt Siponto
(Seite 33)

★ **Stelen der Daunier**
Geheimnisvolle Steinbilder in Manfredonia (Seite 33)

★ **Tremiti-Inseln**
Taucherparadies und beliebtes Ausflugsziel (Seite 39)

★ **Foresta Umbra**
Ein wunderschöner Laubwald auf einer Fläche von 11 km² (Seite 43)

★ **Südküste von Vieste**
Eine Küste voller schöner Grotten und verschwiegenen Badebuchten
(Seite 43)

len Holzkruzifix des 14. Jhs. ist ebenfalls aus dem 11. Jh. *Sept.–Juni So
10–12, Juli/Aug. So 16–18 Uhr oder
anmelden per Handy 34 76 51 90 76*

SANTA MARIA MAGGIORE DI SIPONTO
Bei der orientalisch anmutenden Kirche (11. Jh.) am südlichen Stadtrand
finden sich auch die Reste des antiken *Sipontum. Im Sommer Mi–Mo
9.30–12.30, 15.30–17.30 Uhr oder
anmelden per Handy 33 35 92 16 93*

■ ESSEN & TRINKEN ■
IL PORTO
Gegenüber dem Kastell schmackhafte frische Fischküche. *Mo geschl.
| Via del Porto 8/10 | Tel. 08 84
58 18 00 | €–€€*

■ ZIELE IN DER UMGEBUNG ■
MARGHERITA DI SAVOIA   [113 E5]
Das mäßig attraktive, nach der ersten
italienischen Königin benannte Ther-
mal- und Badestädtchen am flachen,
weiten Sandstrand, zu dem sich der
Gargano Richtung Bari herabsenkt,
hat die größten Salinen Italiens zu
bieten: über 500 geflutete Salzfelder
mit einer Jahresproduktion von 550 t,
die sich auf 20 km Küste erstrecken.
Die Geschichte der Salinen erzählt
im Ort selbst das *Museo Storico della
Salina (Mo–Fr 10–12, im Sommer
19–23 Uhr | Corso Vittorio Ema-
nuele 99 | Tel. 08 83 65 75 19, 33 86
21 63 49 | www.museosalina.it).* Hier
oder über die Website können Sie
sich nach den etwas komplizierten
Besuchsmodalitäten der Salinen er-
kundigen. Einfacher ist der Spazier-
gang durch die an die Salinen an-
schließende *Riserva Naturale Statale
Il Monte,* ein naturgeschütztes

Feuchtgebiet mit Flamingos, Rei-
hern, Sumpffalken *(www.parcogar
gano.it).*

MATTINATA   [113 E3]
Der erste ernst zu nehmende Badeort
am Südansatz des Gargano (20 km
nordöstlich) ist Mattinata, mit seinen
hellen Häuserwürfeln eine freundli-
che Kleinstadt, die sich über ausgedehnte Olivenhaine bis zum Meer
hin erstreckt. In den Hainen verste-
cken sich kleine Campingplätze,
Wege führen zu dem langen Kies-
strand, dessen Nordseite allerdings
seit ein paar Jahren vom Meer syste-
matisch weggespült wird. Ein geho-
benes Speiselokal mit guter Küche
direkt am Strand ist die *Trattoria
dalla Nonna (Mo geschl. | Tel. 08 84
55 92 05 | €€).*

Unterhalb vom ◢◤ *Monte Sacro*
nordöstlich von Mattinata liegt der
gepflegte *Agriturismo Monte Sacro*
mit guter Küche, Pool, Tennis, Reit-
pferden *(5 Zi., 8 Apts. | Contrada
Stinco | Tel. 08 84 55 89 41 | Fax
08 84 55 98 48 | www.montesacro
agritur.it | €€).*

Die Küstenstraße weiter nach
Vieste führt über die bewegte Berglandschaft voller Olivenhainterras-
sen, Macchia und Feigenkakteen –
zur Rechten tief unten das blaue
Meer unter kalkhellen Klippenwän-
den.

MONTE SANT'ANGELO   [113 D–E3]
Wunderschön ist die ◢◤ Serpenti-
nenfahrt hinauf in die auf 798 m
Höhe gelegene Stadt (14 000 Ew., ca.
15 km nördlich von Manfredonia).
Gleich am Ortseingang sollten Sie
den Wagen in der Obhut der Park-

In Scharen kommen die Pilger zum Grottenheiligtum in Monte Sant'Angelo

wächter lassen, denn oben ist es voll. Ausschilderung und Menschenstrom geleiten Sie aber automatisch zur Hauptattraktion, dem Grottenheiligtum *Santuario di San Michele*. Durch einen doppelbogigen Eingangsportikus (14. Jh.) geht es über eine lange Treppe zu diesem heiligen Ort hinunter.

Die Legende erzählt, dass der Erzengel Michael im 5. Jh. gleich mehrfach auf dem Gargano und in der Grotte erschienen sein soll. So entstand mit päpstlicher Zustimmung 493 am Eingang der Grotte eine Kirche, in die Sie durch eine schöne Bronzetür von 1076 gelangen, deren Reliefs Michaelslegenden erzählen. Im Mittelalter entwickelte sich das Heiligtum zu einem der meistbesuchten Wallfahrtsorte im Abendland. Den ganzen Tag über werden für die Pilger Messen gehalten. Auf der anderen Straßenseite gegenüber dem Heiligtum erblicken Sie die *Tomba di Rotari,* fälschlicherweise für das

Grabmal des Langobardenkönigs Rothari gehalten, aber eigentlich ein Baptisterium aus dem 12. Jh.; daneben steht die romanische Kirche *Santa Maria Maggiore* (11./13. Jh.).

Eine architektonische Besonderheit des Ortes sind die ==spitzgiebeligen Reihenhäuser== aus dem 16./ 17. Jh., die als *Quartiere Junno* die südliche Hangseite besiedeln. Wer sich für traditionelles Handwerk und Brauchtum interessiert, gehe hier im Junno-Viertel ins *Museo Tancredi (Juni–Sept. Di–So 9–13, 15–19 Uhr | Piazza San Francesco).* 9 km südwestlich liegt auf grauen Steinterrassen ein weiteres Zeugnis des „heiligen" Gargano, die uralte Abtei ==Santa Maria di Pulsano,== lange verlassen, aber seit 1997 wieder von Mönchen bewohnt und jeden 9. September Schauplatz einer stimmungsvollen Wallfahrt.

Am Fuße des Monte Spigno zwischen Aleppokiefern und Macchia liegt die *Masseria La Torre Taronna*

Insider Tipp

Insider Tipp

mit wunderschönen, pechschwarzen Murgiapferden zum Reiten *(9 Zi. | ca. 18 km oberhalb von Monte Sant'Angelo | Contrada Purgatorio | Tel. 08 84 56 23 31 | €)*; dazu gehört ein Restaurant mit guter Landküche, die Spezialität ist Wildschweinbraten *(Juni–Sept. tgl., aber besser vorher anrufen | Nebensaison nur auf Vorbestellung | €).*

SAN GIOVANNI ROTONDO [113 D3]

Mit Blick auf die höchsten Erhebungen des Gargano, den *Monte Calvo* (1055 m) und den *Montenero* (1014 m), fahren Sie zu dem zweiten bedeutenden Wallfahrtsort Apuliens: San Giovanni Rotondo. Hier wirkte der äußerst populäre Wunderheiler Padre Pio (1887 bis 1968). Mit Spendengeldern ließ er 1956 im damals medizinisch völlig unterversorgten Süden das Krankenhaus *Casa Sollievo della Sofferenza* (Haus zur Linderung des Leidens) errichten, um das sich ein Netz aus Spezialkliniken gebildet hat, dazu zahlreiche Hotels und Pilgerheime.

In Buskolonnen zieht es alljährlich 7 Mio. Wallfahrer und Kranke hierher – nach dem Petersdom die meistbesuchte Pilgerstätte Italiens! Dieser Ausdruck heutiger Massenfrömmigkeit reizte den Stararchitekten Renzo Piano – mitverantwortlich für den Potsdamer Platz in Berlin –, der 2004 den zeltartigen Tempel für 30 000 Pilger errichtete.

Der Pilgerstätten auf dem Gargano nicht genug: 6 km westlich in karger Karstlandschaft erhebt sich die imposante Abtei *Convento di San Matteo* (6./12. Jh.) – eine langobardische Gründung und ebenfalls ein beliebtes Wallfahrtsziel. Da lohnt dann auch ein Abstecher zu dem nahen Ort *San Marco in Lamis* mit seiner interessanten Reihenhausarchitektur aus

Umgeben von schönen Strandbuchten ragt Peschici auf einem Fels ins Meer

dem 14./15. Jh. und einem gut erkennbaren Straßenraster.

PESCHICI

[113 E2] **Die Altstadt mit ihrem Auf und Ab aus Gässchen und Plätzchen ist Kulisse für die ▶▶ movida auf dem Gargano. Man trifft sich auf der Piazzetta, in den Weinbars, den Eiscafés.** Steingraue Fassaden wechseln sich ab mit weiß gekalkten Häusern, viele mit kuppelartigen Dächern, überall Blumentöpfe und Läden mit Leckereien und Kunsthandwerklichem – alles mit leicht orientalischem Flair.

Peschici (4300 Ew.) liegt 90 m hoch auf einem ins Meer vorstoßenden Felsrücken. Dem Fels zu Füßen breitet sich ein kleiner Hafen aus, dann der lange schöne Sandstrand, die *Baia di Peschici,* mit einem Hinterland aus weiten Olivenhainen, in denen Campingplätze, kleine Hotels und Ferienwohnungen eingebettet sind. Der Ort entstand im Mittelalter, um die exponierte Küste zu bewachen. So gibt es auf der äußersten Felsspitze noch Kastellreste. Heute leben die meisten Einwohner vom Sommertourismus, der im Sommer 2007 unter den verheerenden Bränden sehr gelitten hat. Die vor allem an der Strandbucht San Nicola östlich von Peschici zerstörten Feriendörfer sind heute wieder aufgebaut, doch die Rückkehr der wunderschönen Vegetation wird Jahre brauchen.

■ ESSEN & TRINKEN ▨▨▨▨▨

PORTA DI BASSO

In der Altstadt steil überm Meer tischt Chef Domenico Cilenti in diesem geschmackvoll-modernen Lokal originelle Mittelmeerküche auf. *Dez.–Feb. und Mi geschl.* | *Via Colombo 38* | *Tel. 08 84 91 53 64* | €€ – €€€

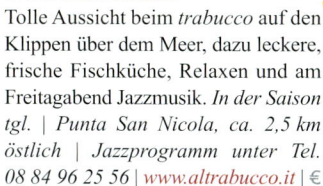

IL TRABUCCO DA MIMÌ

Tolle Aussicht beim *trabucco* auf den Klippen über dem Meer, dazu leckere, frische Fischküche, Relaxen und am Freitagabend Jazzmusik. *In der Saison tgl.* | *Punta San Nicola, ca. 2,5 km östlich* | *Jazzprogramm unter Tel. 08 84 96 25 56* | www.altrabucco.it | €

IL TRABUCCO DI MONTEPUCCI ☀

Beim Sarazenenturm *Torre Montepucci* ca. 3,5 km westlich führt ein Weg auf den Klippensporn mit einem *trabucco,* zu dem ein gutes Fischrestaurant gehört. *In der Saison tgl.* | *Handy 34 78 41 42 73* | €€

■ ÜBERNACHTEN ▨▨▨▨▨

D'AMATO

An der Strandbucht von Peschici ein modernes Hotel in mediterranem Stil, freundlich geführt, mit Pool und Tennis. *90 Zi.* | *Baia di Peschici* | *Tel. 08 84 96 34 15* | *Fax 08 84 96 33 91* | www.hoteldamato.it | €€

LA CHIUSA DELLE MORE

Zu einem stilvollen Countryresort restaurierte, im Grünen eingebettete Masseria 1,5 km von Peschici entfernt. Mit Pool und besonders guter Küche. *10 Zi.* | *Strada Statale 89* | *Handy 330 54 37 66* | www.lachiusa dellemore.it | €€€

LOCANDA AL CASTELLO ☀

Ihre Lage oben in der Altstadt, sympathische Schlichtheit und gutes Essen schätzen viele Apulien-Reisende.

PESCHICI

Ganzjährig | 9 Zi. | Via Castello 29 | Tel. 08 84 96 40 38 | Fax 08 84 91 50 98 | €

PARCO DEGLI ULIVI

Besonders gut ausgestattetes Feriendorf mit Bungalows und Camping. In einem Olivenhain an der Strandbucht unterhalb von Peschici gelegen. *Tel. 08 84 96 34 04 | Fax 08 84 96 33 90 | www.parcodegliulivi.it | €–€€*

■ FREIZEIT & SPORT

Insider Tipp Verschiedene Agenturen bieten Bootsausflüge zu den faszinierenden Meeresgrotten an der äußersten Küste des Sporns an, ebenso zu besonders schönen, von Land schwer zugänglichen Badebuchten. Bootsfahrten zu den Tremiti-Inseln, Wandertouren in die Foresta Umbra sowie Busausflüge zu den Sehenswürdigkeiten können Sie buchen bei *Agrifoglio Tour (Piazza Sant'Antonio 3 | Tel. 08 84 96 27 21 | www.agrifogliotour.it)*, zu den Tremiti-Inseln: *Navigare (Via Garibaldi 32 | Tel. 08 84 96 42 34)*.

■ STRÄNDE

An Peschici schließt sich sowohl gen Südosten wie auch gen Westen eine traumhafte Küste mit ausgiebigen sandigen, von Felsen begrenzten Strandbuchten an. Im Westen liegen die Strände von *San Menaio* und die lange Sandbucht von *Peschici*, zwischen Peschici und Vieste dann die *Baia San Nicola*, die *Baia di Manaccora* und der ausgedehnte Strand ▶▶ *Spiaggia Scialmarino*, wegen seiner besonderen Windverhältnisse ein bei Windsurfern beliebter Spot. Stichstraßen führen zu den Stränden,

an denen sich auch Ferienanlagen und Campingplätze ausdehnen.

■ AUSKUNFT

APT | Via Magenta 3 | Tel./Fax 08 84 91 53 62 | www.peschici.it; Ferienwohnungen und Ferienhäuser vermittelt *Agitur Casaclub (Via Montesanto 31 c | Tel. 08 84 96 49 91 | Fax 08 84 96 22 08 | www.agitur.it).*

■ ZIELE IN DER UMGEBUNG

LAGO DI VARANO/LAGO DI LESINA

An der Nordküste flacht der Gargano zu einer Lagunenlandschaft mit zwei Binnenseen ab, dem 10 km langen *Lago di Varano* [113 D3] und dem 22 km langen *Lago di Lesina* [112 B–C2]. Hier finden Sie Dünenlandschaften mit Pinien- und Eukalyptusbewuchs, Muschel- und Aalzuchtanlagen und mit Marina di Lesina eine vor allem bei italienischen Familien beliebte Feriensiedlung.

RODI GARGANICO   [113 D2]

Zwischen Peschici und dem Lago di Varano erhebt sich diese nette Kleinstadt über der Küste, die vielleicht nicht ganz so attraktiv wie Peschici ist, dafür aber ebenso lebhaft und mit allabendlichem Bummel der Touristen und Einheimischen. Schöne weite Strände erstrecken sich gen Westen und Osten mit zahlreichen Hotels und Campingdörfern, z. B. das ansprechende *Hotel Tramonto* direkt am Strand, ganzjährig geöffnet (*50 Zi., 6 Holzbungalows | Lungomare di Via Trieste 85 | Tel. 08 84 96 53 68 | Fax 08 84 96 65 11 | www.hoteltramonto.it | €–€€€*).

Im aufsteigenden Hinterland geht es zu malerischen Orten wie *Ischi-*

tella mit einem bewohnten Kastell. Ein schönes ländliches Anwesen im Olivenhain unterhalb des Dorfes, mit Biorestaurant, Pool und Blick bis auf die Tremiti-Inseln ist  *La Valletta (14 Zi. | Contrada Forchione | Tel./ Fax 08 84 99 61 75 | www.lavalletta centrobenessere.it | €–€€).* Die Alt-

■ **ZIEL IN DER UMGEBUNG** ■

TREMITI-INSELN ⭐   [112 C1]

Fast wünschte man der felsigen Inselgruppe – inmitten leuchtend klaren, grünblauen Wassers und unter strengem Naturschutz – weniger Beliebtheit, wenn in der Hochsaison die Massen der Tagesbesucher von den

30 km vom Festland entfernt liegt der Felsarchipel der Tremiti-Inseln

stadt des steinernen Dorfes *Vico del Gargano* entdecken wohlhabende Bürger aus Foggia und Manfredonia als Wochenenddomizil unter alten Kreuzgewölben. In der *Cantina Il Trappeto,* einer unterirdischen Ölmühle, gibt's zu gutem Essen exzellente Weine *(Di geschl. | Via Casale 168 | Tel. 08 84 96 10 03 | €–€€)* und Sommerkonzerte auf der nahen, stimmungsvollen ▶▶ Hofterrasse *Orto del Conte (www.cantinail trappeto.it).*

Ausflugsbooten ausschwärmen. Nur zwei der fünf Inseln der *Isole Tremiti* sind das Jahr über von etwa 250 Insulanern bewohnt: *San Domino* (2 km^2) und *San Nicola* (0,45 km^2).

San Domino bedecken lichte Wälder aus Pinien und Aleppokiefern, durch die Sie auf weichen Wanderwegen spazieren können. Ein paar kleine Badebuchten ermöglichen an der felsigen Küste den Zugang zum Meer, dazu kommen Grotten mit wunderbaren Lichtspielen – ideal für

Taucher und Schnorchler. Auf San Domino befinden sich auch die Hotels und Restaurants für den Ferienaufenthalt, allerdings alles ein bisschen teurer als auf dem Festland.

Nach *San Nicola*, einer eher kargen Insel mit steilem, schroffem Fels, können Sie übersetzen (Pendelverkehr zwischen den Inseln), um sich die eindrucksvollen Reste einer befestigten *Klosteranlage* aus dem 11. Jh. anzuschauen. Die Abteikirche *Santa Maria a Mare* besitzt prächtige Fußbodenmosaike. Fährboote fahren ganzjährig täglich von Termoli aus *(Fahrtdauer ca. 90 Min. | Schnellboot 50 Min.)*. In der Sommersaison gibt es tägliche Verbindungen von Peschici, Vieste, Rodi Garganico und Manfredonia aus *(Fahrzeiten, Preise etc. unter www.adriatica.it | Infos auch bei allen Touristenagenturen und unter www.isole-tremiti.net)*.

> LOW BUDGET

> Traumhafte Bummelzugfahrt für 5,50 Euro: 80 km und 2 Stunden Slow-Travel am Meer entlang und durch die Berge des Gargano, von Peschici (Haltestelle Carenella, von hier mit Bus hinauf in den Ort) nach San Severo; die Tickets gibt's in Bars und Tabakgeschäften *(Tel. 08 82 22 14 15 | www.ferroviedelgargano.com)*.

> Alle Ortschaften haben ihren Wochenmarkt für Lebensmittel und günstigere Kleidung, Haushaltswaren und Strandsachen: Mattinata Mi vormittags, Monte Sant'Angelo jeden Sa, Peschici und Rodi Garganico jeden 1. und 3. Sa.

> Zahlreich sind übers Jahr die Schlemmerfeste, auf denen Sie lokale Spezialitäten preiswert kosten können, so laden z. B. zum Valentinstag in Vico del Gargano viele Gourmetstände zum Schlemmen ein. Anlass ist ein wunderschönes Prozessionsschauspiel der über und über mit Zitronen und Orangen geschmückten Statue des Schutzpatrons.

VIESTE

[113 E2] Das Städtchen Vieste (13 400 Ew.), das es nachweislich schon zur Römerzeit gab, ist das unbestrittene Hauptzentrum am Gargano. In der Hochsaison von Juli bis Mitte August ist hier der Teufel los: Bis spät in die Sommernacht pulsiert das Leben in den engen Gassen der ▶▶ Altstadt, die sich bis auf den Felsen ❄ *San Francesco* ins Meer vorschiebt. Und an den schönen Stränden liegen gut ausgestattete Feriendörfer.

■ SEHENSWERTES ■

ALTSTADT

Zu sehen gibt es ein stattliches *Stauferkastell* sowie die Kathedrale *Santa Maria di Merino* mit barockem Turm, zwar ursprünglich romanisch (11. Jh.) – daher die byzantinisch gestalteten Säulenkapitelle –, aber nun stark umgestaltet. Der Bummel durch die Altstadt führt auf den Felssporn ❄ *Punta San Francesco* mit einem stattlichen *trabucco*. Das Wahrzeichen Viestes, mit dem auf allen Katalogtiteln geworben wird, ist der hoch aus dem Wasser aufragende Felsturm aus erodiertem Kalk, *Pizzomunno* (Spitze der Welt) genannt, gleich vor dem schönen Sandstrand im Süden unterhalb der Altstadt.

DER GARGANO

OASI LA SALATA

300 in Stein geschlagene Grabstätten aus frühchristlicher Zeit hat der örtliche WWF 1997 zwischen lauschiger Macchia und zwei salzigen Wasserläufen voller Frösche und Schildkrö-

EBBRO DU BLU ▶▶

Traumhafte hochromantische Location direkt am Sandstrand für dieses neue, aber schon kultige Lounge- und Speiselokal. *Mai–Sept. tgl. | Cala Azzurra | Küstenstraße Vieste–*

Vieste ist mit seiner hübschen Altstadt das touristische Zentrum des Gargano

ten gefunden; geführte Besuche. *Auskunft im Touristenbüro | Zugang neben der Hotelferienanlage Il Gabbiano 7 km nordwestl. vor Vieste*

ESSEN & TRINKEN

BOX 19

Beliebtes, modernes Lokal mit leichter Fischküche. *In der Saison tgl. | Via S. Maria di Merino 13 | Tel. 08 84 70 52 29 | €€*

CASA DELLA BRUSCHETTA

In lebhaftem Ambiente gibt es schmackhafte Kleinigkeiten an Holztischen. *In der Saison tgl. | Via S. Nobile 6 | Tel. 08 84 70 58 25 | www.casadellabruschetta.it | €*

Peschici | Tel. 08 84 70 65 88, 08 84 70 55 47 | €€

EINKAUFEN

Vieste bietet beste Einkaufsmöglichkeiten: Die typischen *fischietti* (Keramikpfeifen) bekommen Sie bei *Artigianato Innangi (Via Duomo 2)*, und schöne, antiken Daunier-Motiven nachempfundene Vasen hat *Kyathos (Viale XXIV Maggio 28).*

ÜBERNACHTEN

HOTEL DEGLI ARANCI

Komfortables Hotel mit privatem Lido am wunderschönen Strand von Pizzomunno südöstlich von Vieste. *119 Zi. | Piazza Santa Maria delle*

Grazie 10 | Tel. 08 84 70 85 57 | Fax 08 84 70 73 26 | *www.hotelaranci.it* | €€–€€€

RESIDENCE TORRE SILVANA

Auf dem Land im Olivenhain eine freundliche Wohnanlage mit gutem Restaurant auch für externe Gäste. Ganzjährig geöffnet. *12 Apts., 6 Häuschen, 2 Zi. | Macchia di Mauro 12 | Tel./Fax 08 84 70 21 36 | www.torresilvana.it | €–€€*

ROCCA SUL MARE

Malerisch in der Altstadt 5 nette B & B-Zimmer und tolle ❋ Sonnenterrasse, ganzjährig geöffnet. *Via Mafrolla | Tel. 08 84 70 27 19 | Fax 08 84 70 41 68 | www.roccasulmare. it | €–€€*

TERRAZZA SUL MARE

Sympathischer, sportlicher Campingplatz mit Stellplätzen auf Terrassen überm Meer und 20 ordentlich ausgestatteten Bungalows. *Litorenea Vieste | 5 km nordwestl. von Vieste | Tel./Fax 088 47 56 39 | www.terrazza sulmare.it | €*

VILLAGGIO CAMPING PUNTA LUNGA

Bestens ausgestattetes Campingdorf etwa 2 km südlich von Vieste. *Ortsteil Defensola | Küstenstraße Vieste/Peschici | Tel. 08 84 70 60 31 | Fax 08 84 0 69 10 | www.puntalunga.com | €€*

▶ FREIZEIT & SPORT

Bootsausflüge zu den Tremiti-Inseln, zu den Meeresgrotten und Badebuchten, Hochseefischen, Surf-, Segel-, Tauch-, Reitkurse, Vermietung von Mountainbikes, Motorbooten, Katamaranen – all das bieten die örtlichen Tourismusagenturen an, z. B. die *Agenzia Sol (Via Trepiccioni 5 | Tel. 08 84 70 15 58 | www.solvieste.it).* Ausflüge zu den Trabucchi, in den Foresta Umbra mit Mountainbikes, Jeeps und Quads: *Exploragargano (Via Santa Maria di Merino 62 | Tel. 08 84 70 22 37, 34 07 13 68 64 |www. exploragargano.it).*

▶ AUSKUNFT

Informazioni Turistiche: Piazza Kennedy (an der Marina Piccola) | Tel. 08 84 70 88 06 | Fax 08 84 70 74 95 |

▶ TRABUCCHI
Fischfangkonstruktion als Touristenattraktion

An fischreichen Strömungen baute man einst diese kühnen Konstruktionen aus Pfählen, Plattform und weit ins Meer ragenden Masten, an denen über Winden große Senknetze ins Wasser gelassen wurden. Fest in der Felsküste verankert, ermöglichten sie das Fischen trockenen Fußes und ohne Fischerboot. Obschon auch an der Adria aufwärts anzutreffen, häuften sie sich längs der Küste zwischen Vieste und Peschici. Nachdem viele wegen zu hoher Kosten aufgegeben worden waren, bemüht man sich heute, diese faszinierenden Konstruktionen zu restaurieren bzw. zu rekonstruieren. Manche werden dann als Restaurant oder Bar genutzt. *Trabucchi*-Ausflüge mit Fischessen organisiert in Vieste z. B. *Explora Gargano.*

DER GARGANO

www.viesteonline.it, *www.vieste.it*, *www.viestei.de;* für die Vermittlung von Ferienwohnungen s. oben genannte *Agenzia Sol.*

ZIELE IN DER UMGEBUNG

FORESTA UMBRA ⭐ [113 D–E2]

Fast der gesamte Gargano steht als *Parco Nazionale del Gargano* seit 1991 unter Naturschutz. Sein Herzstück bildet die sogenannte *Foresta Umbra*, der dunkle Wald, eine einmalig kühle Oase unter der heißen Mittelmeersonne. Mit dem Auto können Sie den etwa 11 km² großen Laubwald aus Buchen, Ahorn und immergrünen Steineichen gemächlich auf der beschaulichen Landstraße 528 zwischen Monte Sant'Angelo und Vico del Gargano befahren, oder Sie biegen mittendrin Richtung Vieste ab. Wanderwege durchziehen den Wald, und angelegte Picknickplätze bieten wunderbar schattige Rast.

Mountainbikeverleih und geführte Wanderungen organisiert *Eco Gargano* im *Centro Visita* mitten im Wald *(Mai–Sept. 9–20 Uhr | www.parcogargano.it).*

SÜDKÜSTE VON VIESTE ⭐ [113 E2–3]

Im Süden Viestes schließen sich die Strände *Spiaggia del Castello* mit dem berühmten Fels *Pizzomunno* sowie die Badebucht von *Lido di Portonuovo* an. Weiter südlich wird die Küste sehr felsig, aus dem hellen, geschichteten Kalkgestein haben Wind und Wasser spektakuläre Grotten, Bögen, Sporne geformt. ✳ *Testa del Gargano,* Kopf des Gargano, heißt ein Felsvorsprung mit Blick auf den Felsbogen *Arco San Felice.* Im-

mer wieder tun sich Buchten auf, eine besonders schöne ist die von *Pugnochiuso,* doch exklusiv in Beschlag genommen von einer Luxusferienanlage.

Einen Höhepunkt an der Gargano-Küste hin zu Mattinata bildet die

Größtes Waldgebiet Apuliens ist die Foresta Umbra auf dem Gargano

Kiesbucht ✳ *Baia delle Zagare* vor weißer Klippe mit bizarren Felsformationen. Edle Bungalowhotels mit Aufzügen zum Strand verteilen sich in der grünen Macchia, etwa das ⌖ *Baia dei Faraglioni Beach Resort (91 Zi. | Litoranea Mattinata-Vieste | Tel. 08 84 55 95 84 | Fax 08 84 55 96 51 | www.baiadeifaraglioni.it | €€€).*

> VON DER KÜSTE DER KATHEDRALEN INS LANDESINNERE

Lebhafte Hafenstädte, berühmte Kirchen und die steinerne Krone Apuliens, das Castel del Monte

> **Das Gebiet der sogenannten** *Terra di Bari* **(Land von Bari) längs der Küste und hinein ins Landesinnere besitzt gleich mehrere Höhepunkte Apuliens.**
Anzufangen wäre mit der facettenreichen Regionalhauptstadt Bari selbst, nach Neapel Süditaliens bedeutendste Metropole, deren Stadtkern spannende Kontraste aus eleganten Shoppingmeilen und einer kasbahähnlichen Altstadt aufweist. Rechts und links an der Küste folgen lebhafte

alte Hafenstädtchen, über denen die Silhouetten von Kastellen und romanischen Kathedralen aufragen – Symbole einer starken mittelalterlichen Epoche unter den Normannen und Staufern. Aber jede Reise durch diese von Olivenbäumen gesprenkelte, weit geschwungene Landschaft der Murge kulminiert unweigerlich im Castel del Monte, der steinernen Krone Apuliens. Ihr Umland nennt sich *Alta Murgia,* 680 km^2 davon –

Bild: Castel del Monte

BARI UND DAS UMLAND

zwischen Andria und Altamura – wurden 2004 zum Nationalpark erklärt, ein Zeichen für das wachsende Umweltbewusstsein in Apulien.

BARI

 KARTE IN DER HINTEREN UMSCHLAGKLAPPE

[115 D2] Bari (312 000 Ew.), die Regionalhauptstadt Apuliens, präsentiert sich heute wieder besser als ihr Ruf. Die Bevölkerungsexplosion der letzten Jahrzehnte durch die Landflucht und eine mäßig erfolgreiche Industrialisierung, die damit verbundene hemmungslose Zersiedelung der Peripherie in anonyme Wohnviertel, die Verwahrlosung des Altstadtkerns sowie Hiobsbotschaften von Kleinkriminalität, der auch ahnungslose Touristen zum Opfer fielen – all das hat nicht gerade dazu beigetragen, Bari zu einem attraktiven Reiseziel zu machen.

Doch manches hat sich mittlerweile zum Besseren gewendet – wie vielerorts in Süditalien.

Insider Tipp

Der labyrinthische Altstadtkern, noch teilweise ummauert und auf einer Landzunge ins Meer ragend, ist weitgehend saniert worden, bedeu-

Mit der alljährlichen *Fiera del Levante,* einer riesigen, an die anderen Mittelmeerländer gerichteten Produktmesse, spielt Bari auch heute eine bedeutende Rolle als Handelsscharnier zum Osten. Hinzu kommen der Hafen und eine große Universität.

Geht's um Fußball oder Politik? Die Altstadtgassen von Bari sind Treffpunkt für Gespräche

tende romanische Kirchen sind restauriert, neue Lokale und Cafés öffnen im Zentrum. Auch in der schachbrettartig gegliederten Neustadt mit ihren Flanieralleen und bürgerlichen Wohnhäusern – deren Gestaltung das französische Intermezzo von Joachim Murat als Vizekönig von Neapel (1806–15) mitbestimmte – herrscht heute ein geschäftiges Treiben.

Schon von den Römern genutzt, diente die Hafenstadt von jeher als Handelstor zum Orient.

◼ SEHENSWERTES ◼

BASILICA SAN NICOLA ★

Mitten in der Altstadt erhebt sich das große Vorbild der apulischen Romanik: die Basilika San Nicola, zur Normannenzeit 1197 geweiht und als Tempel für die Verehrung der Gebeine des heiligen Nikolaus gedacht. 100 Jahre zuvor hatten Bareser Seeleute den Leichnam des im Mittelalter hoch verehrten frühchristlichen Märtyrers aus Myra entwendet und nach Bari geschafft.

> *www.marcopolo.de/apulien*

BARI UND DAS UMLAND

Um 300 war Nikolaus Bischof von Myra geworden, dem heute türkischen Demre. Bald nach seinem Märtyrertod Mitte des 4. Jhs. setzte die Legendenbildung um ihn ein. Man verehrte ihn als Nothelfer und Schutzheiligen, als Freund der Kinder und Seefahrer – bis über die Jahrhunderte das Nikolausfest zum 6. Dezember, seinem Todestag, entstand. Seine Gebeine ruhen auch heute noch in der Krypta der Basilika, und alljährlich am 8. Mai erinnert eine prächtige Bootsprozession an die Überführung des Heiligen nach Bari.

Trutzig steht die Kirche in hellem Kalkgestein da, mit Blendbögen auf der Fassade, einem auf zwei Ochsen gestützten Portalbogen und feinen Dekorationen an den Seitenportalen. Ein Glanzpunkt an plastischer Steinmetzkunst im dreischiffigen Innern bildet der Bischofsstuhl hinter dem Altar, der auf Trägerfiguren mit von Schmerz verzerrten Gesichtern ruht. Schön sind auch die verzierten Kapitelle der antiken Säulen in der Krypta.

CASTELLO SVEVO

Eine der eindrucksvollsten Festungsanlagen Apuliens von Stauferkaiser Friedrich II., im Westen der Altstadt gegenüber dem Hafenbecken gelegen. Quadratische Geometrie bestimmt das Innere. Der äußere Gürtel kam erst in der Renaissance unter den Aragonesern hinzu. In einem Teil des Kastells ist ein Gipsmuseum untergebracht. Dort können Sie Kirchenfassadenskulpturen anhand von Modellen einmal ganz aus der Nähe betrachten (*Museo della Gipsoteca | Do–Di 8.30–19 Uhr*).

CATTEDRALE SAN SABINO

Die dem alten Schutzheiligen Baris geweihte Kathedrale wurde 1178 nach dem Vorbild von San Nicola gestaltet. Da die spätere Barockisierung entfernt wurde, stellt sie heute wieder ein stimmungsvolles Beispiel apulischer Romanik dar. Im dazugehörigen Museum werden große Teile einer kostbaren Exsultetrolle des frühen 11. Jhs. aufbewahrt (*Museo della Cattedrale | Do, Sa/So 9.30–12.30, Sa auch 16.30–19 Uhr | Via Dottula*).

MARCO POLO HIGHLIGHTS

PINACOTECA PROVINCIALE

Im Palazzo der Provinzverwaltung an der südöstlichen Uferstraße Lungomare Nazario Sauro überraschen die reiche Gemäldesammlung italienischer Meister und romanische Kirchenkunst. *Di–Sa 9–19, So 10–13 Uhr | Eingang Via Spalato 19*

■ ESSEN & TRINKEN

ALBEROSOLE

Gepflegtes Traditionslokal unter hohen Gewölben, nahe Piazza Ferrarese. *Mo geschl. | Corso Vittorio Emanuele 13 | Tel. 08 05 23 54 46 | €€–€€€*

LA LOCANDA DI FEDERICO

Unter den Lokalen an der Altstadtpiazza das beste und einladendste Restaurant. *Mo Mittag geschl. | Piazza Mercantile 63 | Tel. 08 05 22 77 05 | www.lalocandadifederico.com | €€*

NESSUNDORMA ▶▶

Stylisher Treffpunkt für urbane Szenegänger zu Aperitif, Wein, Dinner. Mit Livemusik und Ausstellungen. *Tgl. | Via Fiume 3 | Tel. 08 05 22 88 25 | www.nessundormabari.it | €€*

TERRANIMA

Insider Tipp

Gemütliches, lockeres Lokal mit Regionalküche, gestaltet wie ein Innenhof. In der Neustadt. *So-Abend geschl. | Via Putignani 213 | Tel. 08 05 21 97 25 | www.terranima.com | €*

■ EINKAUFEN

Ein paar Kram- und Handwerksläden finden sich in der Altstadt, die Neustadt hingegen ist ein einziges Shoppingparadies mit dem eleganten Höhepunkt *Via Sparano*.

■ AM ABEND

Seit der Aufwertung der Altstadt hat sich an der ▶▶ *Piazza del Ferrarese* und der *Piazza Mercantile* eine lebendige Szene mit Pubs, Straßencafés und Musikbars entwickelt. Ein beliebter Treffpunkt an den Festungsmauern zum Meer hin ist das *Caffè Sotto il Mare (Mo geschl. | Via Venezia 16)*

■ ÜBERNACHTEN

COSTA

Renoviertes, ordentliches Hotel in Bahnhofsnähe. *Ganzjährig | 23 Zi. |*

> JEDEM SEIN NIKOLAUS
Von weit her kommen die Pilger

Der hl. Nikolaus aus Myra wird auch in der griechisch-orthodoxen Kirche hoch verehrt. Jeden Donnerstag wird in der Basilika San Nicola in Bari ein Gottesdienst in orthodoxer Liturgie abgehalten; so trifft man seit dem Fall des Eisernen Vorhangs singende Pilgergruppen aus Russland, Rumänien, der Ukraine in der Krypta an. Viele darunter sind nach Italien eingewanderte Frauen, die hier in der Altenpflege arbeiten. Auch die Nachbarstadt Trani wollte ihren hl. Nikolaus: Nachdem sich die Bareser im Jahr 1097 die Gebeine des Nikolaus aus Myra hatten sichern können, tauchte nur sieben Jahre später ein wundertätiger Pilger aus Griechenland in Trani auf: San Nicola il Pellegrino. Ihm ist in Trani die schönste Kirche Apuliens geweiht.

BARI UND DAS UMLAND

Via Crisanzio 12 | Tel. 08 05 21 90 15 | Fax 08 05 21 00 06 | www. hotelcostabari.com | €–€€

PALACE ♫

Elegante Adresse der gehobenen Klasse in der Altstadt. Dazu das Spitzenrestaurant *Murat* mit einer tollen ❄ Dachterrasse. *Ganzjährig | 196 Zi. | Via Lombardi 13 | Tel. 08 05 21 65 51 | Fax 08 05 21 14 99 | www.pa lacehotelbari.it | €€€*

🔖 **VILLA VALERIA**

Eine Oase am südlichen Stadtrand mit Garten, Pool und 5 stilvollen B & B-Zimmern. *Strada Zuccararo 12 | Tel./Fax 08 05 49 16 63 | www. villa-valeria.it | €.*

▮ AUSKUNFT

Informazioni Turistiche am Bahnhofsvorplatz | Piazza Aldo Moro 33 a | Tel. 08 05 24 23 61 | Fax 08 05 24 23 29 | www.pugliaturismo.com, www.viaggiareinpuglia.it

▮ ZIELE IN DER UMGEBUNG ▮

ALTAMURA   [114 C4]

42 km landeinwärts liegt die von Friedrich II. gegründete Stadt Altamura (64 000 Ew.), die eine mittelalterlich strukturierte Altstadt, sehenswerte Kirchen, ein interessantes *Museo Archeologico (Mo–Sa 8.30 bis 19.30, So 8.30–13.30 Uhr | Via Santeramo 88)* und das beste, im Steinofen gebackene Brot Apuliens in seinen zahlreichen Bäckereien zu bieten hat.

BITONTO   [114 C2]

Aus dem harten, hellen Kalkstein, der *pietra tranese* aus den Steinbrü-

chen um Trani, sind viele der großen romanischen Kirchen gebaut, so auch die eindrucksvolle Kathedrale *San Valentino* (13. Jh.) vom uralten Städtchen Bitonto (60000 Ew.), nur 15 km westlich vor den Toren Baris ländlich

Ein lockeres Lokal mit regionaler Küche ist das Terranima in Bari

inmitten von Olivenhainen gelegen. Im Süden wird die Altstadt wie von einem natürlichen Verteidigungsgraben durch die *Gravina,* die Schlucht des Sturzbaches Tiflis, begrenzt.

MOLFETTA   [114 C2]

Auf dem Weg nach Molfetta, die Küste in nordwestlicher Richtung aufwärts (25 km), kommen Sie an *Giovinazzo* vorbei (18 km), einem hübschen Küstenstädtchen mit einer trutzig befestigten, jüngst restaurierten Altstadt direkt am Hafenbecken, überragt von einer romanischen Kathedrale mit sehenswerter Krypta. Das uralte *Molfetta,* eine vorrömische Siedlung, ist heute eine lebhafte Stadt (66 000 Ew.) mit einem bedeutenden Hafen mit Fischerei und Werften, dessen Becken im Osten von dem vorgeschobenen *centro storico* begrenzt wird.

Über der Altstadt, zunehmend saniert und wiederbelebt, erhebt sich der weithin sichtbare *Duomo Vecchio*. Mit seinen drei Kuppeldächern und ausdrucksstarken Steinmetzverzierungen gilt er als ein eindrucksvolles Beispiel für das Zusammenspiel zwischen orientalischen und abendländischen Stilelementen des Mittelalters.

MONOPOLI [115 F3]

Der lebendige Hafen vor der Altstadt von Monopoli (46 000 Ew., ca. 42 km südöstlich von Bari) mit seinen Handelsschiffen, der Fischkutterflotte und dem dazugehörigen Fischmarkt hat viel Atmosphäre. Bewacht wird

der Hafen von einer mächtigen *Festung,* die im 16. Jh. gegen die Türkengefahr entstand. Zwei Kirchen lohnen den Besuch, die große barocke *Kathedrale* (17./18. Jh.) und die apulisch-romanische *Chiesa Santa Maria degli Amalfitani* in Hafennähe. An sommerlichen Abenden füllen sich die Gassen der malerischen Altstadt. Unter den Trattorien eine besonders ursprüngliche ist die *Osteria Perricci (Mi geschl. | Via Orazio Comes 1 | Tel. 08 09 37 22 08 | €).*

Den Titel „Rimini des Südens" verdient sich Monopoli weniger durch kilometerlange Liegestuhlreihen als durch die sommerliche ▶▶ Beachszene an der Küste aus Klippen und schönen Sandbuchten südwärts über *Capitolo* bis *Torre Egnazia.* Die Leute kommen auch am Abend von weit her zu den heißen Strandpartys z. B. im *Lido Calaparadiso (www.lidocalaparadiso.it)* oder

Die Grotta Palazzese in Polignano a Mare: ein spektakulärer Ort zum Speisen

in der Beachbar *Barcollando (www. barcollandobeach.it).*

Im ländlichen Hinterland Monopolis stößt man auf viele idyllische Masserien – auch ideale Basisquartiere für Ausflüge in die Castellana-Grotte oder nach Alberobello *(z. B. Agriturismo Masseria Santanna | 6 Zi. und reichhaltiges Biofrühstück | Contrada Zecca 284 | ca. 15 km Richtung Alberobello | Tel. 333 47 01 29 | Fax 08 05 56 18 68 | www. masseriasantanna.it | €).* Am Strand von *Losciale* bezaubert das charmante, aber superteure Hotel *La Peschiera* mit Restaurant *(11 Zi. | Ortsteil Capitolo | Tel./Fax 080 80 10 66 | www.peschierahotel.com | €€€)*

POLIGNANO A MARE ★ ☘ [115 E3]

Ein sehr beliebter Ausflugsort (ca. 35 km südöstlich von Bari) allein schon wegen seiner phantastischen Lage über dem Meer: Die zum Meer hin offene Altstadt scheint wie aus den steilen, karstigen Felsplateaus herauszuwachsen, im Innern überrascht ein malerisches Labyrinth aus Gässchen, Innenhöfen und hübschen kleinen Häusern. Karstige Grotten durchsetzen die Felsen. Berühmt ist die weit verzweigte *Grotta Palazzese,* über der sich ein edles, gleichnamiges Hotel erhebt, dessen Restaurant in die Grotte mit Blick aufs Meer eingefügt ist *(in der Saison tgl. | €€€; Hotel ganzjährig | 25 Zi. | Via Narcisio 59 | Tel. 08 04 24 06 77 | Fax 08 04 24 07 67 | www.grottapalazzese.it | €€–€€€).*

Über der Hafenbucht des Fischerdörfchens *San Vito* (3 km nordwestl.), in der knallblau gestrichene kleine Fischerboote dümpeln, erhebt sich fotogen eine trutzige mittelalterliche *Benediktinerabtei.* Ein Ziel in den Anhöhen der Murge landeinwärts ist die reizende, auf ca. 200 m Höhe liegende Ortschaft *Conversano* mit einer eindrucksvollen ☘ Burganlage (normannisch, aber in der Renaissance erweitert), einer spätromanischen Kathedrale und einem stimmungsvollen Benediktinerkonvent im Zentrum. Beziehen Sie hier Quartier in einer der 23 zauberhaften Unterkünfte in der Altstadt, so bei *Corte Altavilla (ganzjährig | Via Goffredo Altavilla 8 | Tel. 08 04 95 96 68 | Fax 08 04 95 17 40 | www.cortealtavilla. it | €–€€)* und speisen Sie bei tollem Blick auf dem Burgplatz im schön gestylten ☘ *Restaurant Pashà (Di*

Insider Tipp

>LOW BUDGET

> Gratisbesuch in der Direktorenwohnung: Im heißen, karstigen Apulien sind die Wasserwerke (und ihr Direktor) seit jeher lebenswichtig. Man sieht's an der stilvollen Art-déco-Einrichtung der Direktorenwohnung im *Palazzo dell'Acquedotto Pugliese* in Bari *(jeden So 9–13 Uhr Gratisbesuch | Via Salvatore Cognetti 36).*

> Die Achäologie-Strecke: für 6 Euro von Barletta nach Spinazzola mit dem *trenino dell'archeologia.* Auf der gewundenen, landschaftlich reizvollen Strecke von der Hafenstadt Barletta hinauf in die Murge bis nach Spinazzola macht der Zug Halt an den Ausgrabungen von *Canne della Battaglia,* in *Minervino* mit Archäologiemuseum, in *Canosa di Puglia* mit der römischen Brücke überm Ofanto *(www.pugliaimperiale.it).*

geschl. | Piazza Castello 5–7 | Tel. 08 04 95 10 79 | www.pashaconversano.it | €€–€€€)

RUVO DI PUGLIA [114 C2]

Über Bitonto geht es weiter hinein in die *Alta Murgia,* das bewegte Hügelland mit seinen Olivenhainen, Wein-, Obst- und Gemüseplantagen, seinen Gutshöfen und seiner Atmosphäre fruchtbarer Weite. Das sympathische Städtchen, ca. 30 km westlich von Bari gelegen, wartet mit der mittelalterlichen Kathedrale *Santa Maria Assunta* auf, deren Portal von bedrohlichen Fabeltieren und geduckten Menschlein getragen wird.

Außerdem können Sie in Ruvo eines der interessantesten Museen Apuliens, das ★ *Museo Nazionale Jatta,* besuchen. Im 19. Jh. zusammengetragen vom leidenschaftlichen Sammler Giovanni Jatta, sind hier wunderbar erhaltene kunstvolle Keramikvasen oder auch Trinkbecher, sogenannte *rython, in Form von phantastischen Tierköpfen,* wie beispielsweise dem eines Widders oder Wolfs, zu betrachten. Auch Spielzeug und viele Exponate der Peuketier und Griechen sind vertreten *(Palazzo Jatta | Mo–Mi, So 8.30–13.30, Do bis Sa 8.30–19.30 Uhr | Piazza Bovio 35 | www.palazzojatta.org).* Liebhaber süßer Leckereien finden im Zentrum den vielleicht besten Chocolatier Apuliens: *Pasticceria Berardi (Di geschl. | Corso Giovanni Jatta 37).*

TRANI

KARTE IN DER HINTEREN UMSCHLAGKLAPPE

[114 B1] Diese einladend-elegante Kleinstadt (50 000 Ew.), die sich offen und großzügig dem Meer zuwendet, sieht man mit ihren Palazzi, Kirchen und Plätzen ihre lange großbürgerliche Vergangenheit als

> BLOGS & PODCASTS
Gute Tagebücher und Files im Internet

> *www.in-italy.de/apulien* – Ein aktives Reiseforum mit zahlreichen Beiträgen zu Apulien

> *www.globalzoo.de* – Ein allgemeines Reiseforum, in dem man auch auf Beiträge zu Apulien stößt

> *www.travelblog.org/Europe/ Italy/Apulia* – Jede Menge Travelblogs von englischsprachigen Reisenden über ihre Erfahrungen in Apulien

> *www.veits.org* – Ein informativer Reiseblog zu einer Radtour von 600 km in 11 Etappen quer durch Apulien

> *www.wikio.de/ausland/europa/ italien/apulien* – Aktuelle Berichte aus den deutschen Medien zu Apulien

> *http://forum.tiamoitalia.de* – Reisetipps und persönliche Erfahrungen zu Apulien, Gargano, Salento finden Sie in (noch) kleinerer Anzahl auch in diesem sehr lebhaften Reiseforum

> *www.schaetze-der-welt.de/sdw_ index.html* – In Videos vorgestellt werden hier: Alberobello, Castel del Monte, Sassi di Matera

Für den Inhalt der Blogs & Podcasts übernimmt die MARCO POLO Redaktion keine Verantwortung.

BARI UND DAS UMLAND

einer der bedeutendsten Handelshäfen Apuliens an. Auch bei den Bewohnern des Hinterlands ist Trani als Ausflugs- und Einkaufsziel beliebt. An den Sommerabenden zum Wochenende hin brummt es in den Altstadtgässchen und auf dem Corso, der sich am Hafenbecken entlangzieht. Es laden Cocktailbars, Eiscafés und Fischrestaurants zum Verweilen ein. Gen Süden flaniert man bis zum schönen Stadtpark *Villa Comunale,* in umgekehrter Richtung erreicht

schen, funktionalen Ausformung als eine der eindrucksvollsten Festungsanlagen, die Friedrich II. in Auftrag gegeben hat. *Tgl. 8.30–19 Uhr*

CATTEDRALE
SAN NICOLA PELLEGRINO ⭐

Die Kathedrale erhebt sich majestätisch auf der Landzunge, die im Norden den Hafen begrenzt. Ihre Front zeigt auf das Stauferkastell, die drei Apsiden aufs Meer hinaus. Mit ihrem Bau begann man im 12. Jh., wobei

Das Museo Nazionale Jatta in Ruvo di Puglia: antike Vasen und vieles mehr

man am äußersten Nordzipfel des Hafenrunds die weithin sichtbare *Kathedrale* – unter Kennern die Königin der apulisch-romanischen Kirchen genannt. Dahinter fällt der Blick auf das geometrisch-strenge *Stauferkastell*. Hier wird kehrtgemacht, und es geht wieder zurück …

■ SEHENSWERTES ■
CASTELLO

Das Kastell mit seinen drei mächtigen Türmen gilt in seiner quadrati-

zwei Vorgängerkirchen integriert wurden, die unterirdische Grabkirche *San Leucio* und die Kirche *Santa Maria*. Auf beiden wurde dann die Kathedrale errichtet und einem griechischen Pilger und Wunderheiler namens Nicola geweiht, der 1094 hier verstarb. Ende Juli/Anfang August wird der Patron aufwendig gefeiert.

Für eine romanische Kathedrale strebt der Bau ungewöhnlich in die Höhe. Der Glockenturm steht wie aufgebockt auf einem Bogensockel, den Eingang erreicht man nur über eine hohe Doppeltreppe (achten Sie auf das wunderschöne Bronzeportal des berühmten Bildhauers Barisano da Trani, 12. Jh., heute im Innern der Kirche ausgestellt), und hoch ragt der feierlich-schlichte Innenraum auf.

U'VRASCIR

Unweit der Kathedrale und fern vom Rummel eine gemütliche Trattoria mit schmackhaften Antipasti und Gemüse, je nach Hunger unterschiedliche Menüvorschläge. *Di geschl. | Piazza Cesare Battisti 9 | Tel. 08 83 49 18 40 | €– €€*

Hafen von Trani: tagsüber beschaulich, abends Treffpunkt der Jugend

Einige wunderbar behauene Kapitelle finden sich an den Säulen der Hallenkrypta. *Piazza Duomo*

ESSEN & TRINKEN

CORTEINFIORE

Im hinreißend gestylten Ambiente duften einfallsreiche Fischgerichte. *So-Abend und Mo geschl. | Via Ognissanti 18 | Tel. 08 83 50 84 02 | www.corteinfiore.it | €€*

EINKAUFEN

Viele gute Geschäfte konzentrieren sich in der Fußgängermeile *Via Zanardelli*. Die schicksten Boutiquen säumen den *Corso Vittorio Emanuele*.

ÜBERNACHTEN

ALBERGO LUCY

Schöne Lage am Stadtpark, nette, frische Zimmer, kein Frühstück, doch

Café im selben Palazzo. *Ganzjährig | 8 Zi. | Piazza Plebiscite 11 | Tel. 08 83 48 10 22 | www.albergolucy. com |* €

REGIA

Modernes Hotel in alten Gemäuern bei phantastischer Lage am Dom; mit Restaurant. *Ganzjährig | 10 Zi. | Piazza Duomo 2 | Tel./Fax 08 83 58 44 44 | www.hotelregia.it |* €€

■ AUSKUNFT

Informazioni Turistiche | Piazza Trieste 10 | Tel. 08 83 58 88 30 | www.traniweb.it | www.pugliaimpe riale.com

■ ZIELE IN DER UMGEBUNG

BARLETTA [114 B1]

Ebenfalls eine geschäftige Hafenstadt mit reicher Vergangenheit ist das 13 km nordwestlich von Trani liegende Barletta (89 000 Ew.). Von hier wurde Handel mit dem Orient betrieben, auch schifften sich in Barletta viele Kreuzfahrer ins Heilige Land ein.

Das große *Castello Svevo* wurde natürlich wieder vom Stauferkaiser errichtet und dann im 16. Jh. ausgebaut. Es beherbergt eine gute Gemäldesammlung sowie das *Museo Civico* mit einer ziemlich unspektakulären Friedrich-Büste, wohl dem einzigen echten Porträt des Staufers *(zzt. wegen Restaurierung geschl.).* Dafür befindet sich seit Neuestem im frisch restaurierten, eleganten Barockpalast *Palazzo della Marra* die ==Bildersammlung von Giuseppe De Nittis,== 1846 in Barletta geboren und Italiens berühmtester impressionistischer Maler *(Di–So 10–12.30, 15 bis 19.30 Uhr | Via Enrico Cialdini 74).* Zu den Sehenswürdigkeiten im weitläufigen Zentrum zählen die eindrucksvolle romanisch-gotische Kathedrale *Santa Maria Maggiore*, die schöne *Chiesa del Santo Sepolcro*,

> DIE EHRE VON BARLETTA

Wehe, es geht ans Ehrgefühl!

Jedes Jahr um den 13. Februar (und noch einmal im Sommer für die Feriengäste) zieht die Bevölkerung von Barletta in festlichen Renaissancekostümen durch die Straßen der Stadt, dazu mimen ein paar Auserwählte den Zweikampf von 1503, der als die *Disfida di Barletta* unter dem Stichwort „italienischer Nationalstolz" in die Geschichte einging: Französische Edelleute hatten in Barletta in einem Wirtshaus, der *Cantina della Disfida (Via Cialdini 1),* den Italienern mangelnden Kampfesmut unterstellt – und das in einer sowieso schon bedrückenden Zeit, die von spanischen und französischen Fremdherrschaften über Süditalien geprägt war.

Das konnten die Italiener nicht auf sich sitzen lassen. Äußerst selbstsicher traten 13 französische Ritter gegen 13 Italiener an – und unterlagen. Diese Episode ging wie ein Lauffeuer durch ganz Italien, und die Bewohner von Barletta feiern noch heute so überschwänglich ihren Sieg, als wären sie selbst dabei gewesen. *Infos unter www.disfidadibarletta.net*

ebenfalls ein romanisch-gotischer Stilmix, und schließlich ihr zur Seite das Wahrzeichen von Barletta: die riesige Bronzestatue des sogenannten *Colosso.* Aus einem Guss soll dieser über 5 m hohe Riese (4. Jh.) in Konstantinopel erschaffen worden sein.

BISCEGLIE [114 C2]

Zu den Küstenorten mit herausragender Kathedrale zählt auch Bisceglie (50 000 Ew., 8 km), zwischen Trani und Molfetta an einem natürlichen Hafenbecken gelegen. Durch die lebhafte Altstadt gelangen Sie zur romanischen Kathedrale *San Pietro* aus dem 11. Jh., die weitgehend von ihrem barocken Beiwerk befreit wurde. Vor allem sehenswert sind die drei Portale an der Westfassade und die Krypta. Wer sich für die Frühgeschichte Apuliens interessiert: 5 km weiter Richtung Corato verbirgt sich in einem Olivenhain ein besonders eindrucksvolles Steingrab, der *Dolmen Chianca* (ausgeschildert).

CANOSA DI PUGLIA [114 A2]

Der friedlichen Kleinstadt (22 km landeinwärts) sieht man heute kaum an, dass sie in der Geschichte große Bedeutung besaß. Zur Zeit der Griechen war Canosa di Puglia ein bedeutendes Zentrum der Keramikherstellung, unter den Römern ein wichtiges Municipium, aber auch Schauplatz ihrer legendären Niederlage gegen den Karthager Hannibal 216 v. Chr. Angeblich geschah dies auf dem Schlachtfeld von *Cannae,* 16 km außerhalb an der Landstraße nach Barletta gelegen das sehenswerte Ausgrabungsgelände *Parco Archeologico di Canne della Battaglia* mit Museum *(Di–So 8.30–19.15 Uhr).*

Die Attraktion im Stadtkern ist die mittelalterliche Kathedrale *San Sabino* (11./12. Jh.), im Innern mit fünf interessanten Kuppeln, der ältesten Steinkanzel Apuliens aus dem 11. Jh. und einem von Elefanten getragenen Bischofsstuhl. Neben der Kathedrale erhebt sich das orientalisch anmutende Mausoleum des normannischen Fürsten Bohemund, die *Tomba di Boemondo,* mit besonders schönen Bronzeportalen (12. Jh.).

CASTEL DEL MONTE ⭐ [114 B2]

Eine schöne, 30 km lange Landpartie über Andria führt in die ganz sacht

Fruchtbare Olivenhaine prägen die Landschaft nahe dem Castel del Monte

geschwungene Landschaft der nördlichen Murge hinein. Schon von Weitem können Sie irgendwann den Punkt auf der Hügelkuppe ausmachen, der die Herzen aller Apulienbesucher höherschlagen lässt: die steinerne Krone Apuliens, das achteckige Kastell von Friedrich II., 1996 in die Unesco-Liste des Weltkulturerbes aufgenommen. Ein achteckiger Grundriss, acht achteckige Ecktürme – die Zahl acht als Symbol des kosmischen Gleichgewichtes. Friedrich gefiel sie als Zeichen kaiserlicher Vollkommenheit. Das Kastell ist darüber hinaus ein schönes Beispiel dafür, wie allein mit unterschiedlichen Gesteinsarten Dekorationen geschaffen werden können. Achten Sie etwa auf die *breccia corallina*, eine Art farbiger Kalkschotter, den rötlicher Kalkmergel zusammenhält und mit dem die Portale gerahmt sind. *April bis Sept. tgl. 10–20, Okt.–März tgl. 9–18 Uhr | Parkplatz etwa 1 km entfernt*

Die weitere Umgebung lockt mit Speiseadressen, die mit dem Slow-Food-Prädikat für besonders sorgfältige Traditionsküche ausgezeichnet sind: Ausgewählt köstliche Vorspeisen werden Ihnen im Antichi Sapori im Dörfchen *Montegrosso* zwischen Andria und Canosa di Puglia aufgetischt *(Reservieren! Sa-Abend und So geschl. | Piazza Sant'Isidoro 9 | Tel. 08 83 56 95 29 | www.antichi sapori.biz | €–€€).* Zum Schlafen ein Tipp mit besonderem Flair, ebenfalls in Montegrosso: der ungemein stilvoll-arkadische Biohof Masseria Lama di Luna *(10 Zi. | Tel. 08 83 56 95 05 | www.lamadiluna. com | €€€).* Im sehenswerten, hoch

gelegenen Städtchen *Minervino Murge* ist die Trattoria *La Tradizione Cucina Casalinga (Do geschl. | Via Imbriani 11 | Tel. 08 83 69 16 90 | €)* empfehlenswert. 6 km außerhalb Minervinos an der SS 97 wird in der schönen *Masseria Barbera (So abend und Mo geschl. | Tel. 08 83 69 20 95 | www.masseriabarbera.it | €€)* mit eigenen Erzeugnissen wunderbar gekocht.

GRAVINA IN PUGLIA ⭐ [114 B4]
Die Stadt (36 000 Ew., ca. 52 km südlich von Trani) ist oben an einer Karstschlucht *(gravina)* angesiedelt, ein Phänomen, dem man immer wieder in Apulien begegnet, das sich hier aber besonders eindrucksvoll darstellt. Die Altstadt mit stattlichen Palazzi, zahlreichen Kirchen und sehenswerten Museen über dem Karstgestein folgt dem Auf und Ab der Höhenunterschiede. Bei Kriegen fand die Bevölkerung Zuflucht in den Grotten der Gravina. Heute werden Altstadtführungen zu den Grottenkirchen, allen voran zur fünfschiffigen, mit byzantinischen Fresken ausgemalten *Chiesa rupestre San Michele* und in die unterirdische Welt unterhalb der Stadt angeboten. Neben der eindrucksvollen *Kathedrale* normannischen Ursprungs steht der ehemalige *Bischofspalast* mit dem archäologischen und dem *Domschatz-Museum (beide Mo geschl. | Piazza Benedetto XIII | www.bene detto13.it).* Gut übernachten und schmackhaft essen *(Mi geschl.)* können Sie in der Altstadt in der Trattoria-Albergo *Zia Rosa (30 Zi. | Via Marconi 18 | Tel./Fax 08 03 25 63 69 | www.trattoriaziarosa.it | €).*

> VON KÜSTE ZU KÜSTE

In die weißen Landstädtchen Martina Franca, Ostuni,
Alberobello im Itria-Tal und an den Golf der alten
Hafenstadt Taranto

> **In der Valle d'Itria, dem Herzen von Apulien, erstreckt sich die sanft geschwungene, von Steinmäuerchen durchzogene Landschaft der Murge, die mit ihren uralten Olivenhainen, den Mandel-, Feigen- und Obstbäumen sowie der mediterranen Macchia bezaubert.**

Hier stößt man auf die witzigen Bauernhäuschen mit ihren Spitzdächern, *Trulli* genannt und weltberühmt. Die beiden größeren Städte Taranto und Brindisi umgreifen das Land von Küste zu Küste: die antike Griechensiedlung Taranto am Ionischen Meer an der südwestlichen Küste, der römische Orienthafen Brindisi an der gegenüberliegenden Adriaküste. Über das Itria-Tal verteilen sich hübsche Ortschaften, die elegante Barockstadt Martina Franca und weiße orientalisch anmutende Hügelstädtchen wie das kreisförmig angelegte Locorotondo und Ostuni, die Stadt hoch auf dem Hügel.

Bild: Alberobello

IM LAND DER TRULLI

ALBEROBELLO

[115 F4] ⭐ Seit 1996 steht das kleine, auf 403 m Höhe gelegene Städtchen (10 000 Ew.) unter Unesco-Schutz: dank seiner kuriosen, einzigartigen Architektur aus rund 1000 Trulli. Man wird sich vorstellen können, wie touristisch es hier zugeht, dennoch sollten Sie sich den Besuch – immerhin eine der Hauptattraktionen Apuliens – nicht entgehen lassen. Die Altstadt von Alberobello wird von der Durchgangsstraße Via Indipendenza/Largo Martellotta geteilt. Auf der einen Seite liegt das touristische Viertel *Rione Monti,* ein einziges Auf und Ab von mit Trulli gesäumten Gassen, das in der Pfarrkirche *Sant'Antonio,* natürlich mit Trulli-Dach, kulminiert. Die meisten Trulli beherbergen Läden mit Souvenirs, mit typischen Kulinaria, Keramik und Leinenwäsche. Sie können auch in den Trulli

Wie ein Märchen aus 1001 Nacht: die Tropfsteinhöhle Castellana Grotte

wohnen, denn viele sind in Ferienwohnungen umgewandelt worden.

Auf der anderen Ortsseite geht es hinauf in den etwas weniger touristischen *Rione Aia Piccola*. Hier schließt mit der weitläufigen Piazza del Popolo, unter deren phantastischer Steineichenpergola Sie schattig sitzen können, die Neustadt an. Schilder leiten von hier zum größten, dem zweistöckigen *Trullo Sovrano*. Alles ist bequem zu erlaufen, Bars und Restaurants gibt's an jeder Ecke.

■ SEHENSWERTES ■

MUSEO DEL TERRITORIO

Nahe der Piazza del Popolo zeigt dieses Agglomerat aus 13 Trulli, wie ein Trullo erbaut wird, die Bearbeitung des Kalksteins der Murge und vor allem bäuerliches Leben und Gerätschaften. Das Museum organisiert interessante Ausflüge in die Umgebung. *Juli–Sept. 10–19.30, sonst Di–So 9.30–13, 16–19 Uhr | Piazza XXVII Maggio*

■ ESSEN & TRINKEN ■

GELATERIA-CAFFETTERIA ARTE FREDDA Insider Tip

Wunderbar aromatisches Eis aus frischen Früchten der Saison, köstlich auch die Klassiker wie Schokoladen- und Pistazieneis. Zu dieser Eisdiele an der Hauptstraße kommen die Leute von weither. *Mo geschl. | Largo Martellotta 47 | www.arte fredda.com*

IL POETA CONTADINO

Eines der besten Speiselokale Apuliens, raffinierte Küche mit lokalen Zutaten. *Mo geschl. | Via Indipendenza 21 | Tel. 08 04 32 19 17 | www. ilpoetacontadino.it | €€€*

IM LAND DER TRULLI

■ ÜBERNACHTEN ■

HOTEL LANZILLOTTA

Angenehmes Stadthotel mit gutem Restaurant mitten im Zentrum, Nähe Piazza del Popolo. *Ganzjährig | 25 Zi. | Piazza Ferdinando IV 30 | Tel. 08 04 32 15 11 | Fax 08 04 32 53 55 | www.hotellanzillotta.it | €*

Insider Tipp

WOHNEN IN TRULLI

Mitten im Trulli-Viertel Rione Monti vermittelt die Agentur *Trullidea* Einzel- und Doppelzimmer-Trulli in den Gassen Alberobellos *(Via San Gabriele 1 | Tel./Fax 08 04 32 38 60 | www.trullidea.it | €€)*. Sie können auch eine passende Unterkunft bei *Trullinet* finden *(Via Tenente Cucci 23 | Tel. 08 04 32 57 02 | www.trulli net.com | €–€€)*.

■ AUSKUNFT ■

Ufficio Turistico Casa d'Amore nahe der Piazza del Popolo | Piazza Ferdinando IV | Tel. 08 04 32 51 71 | www.trulliland.it

■ ZIELE IN DER UMGEBUNG ■

CASTELLANA GROTTE ★   [115 E4]

Nur knapp 15 km nordwestlich von Alberobello, nahe der Ortschaft Castellana an der SS 377 (gut ausgeschildert), öffnet sich 70 m tief im karstigen Murge-Gestein das weitläufigste Grottensystem Italiens. Über unzählige Jahre hat sich das Wasser eines Flusses durch Risse und Spalten in die Tiefe gegraben, das Gestein ausgehöhlt und in bis zu 60 m hohen Gewölben die traumhaftesten Gebilde aus Kalkablagerungen geschaffen – Stalaktiten und Stalagmiten, die von oben und unten aufeinander zuwachsen. Es herrschen kühle Temperaturen bei ca. 15 Grad. Empfehlenswert sind eine warme Jacke und rutschfestes Schuhwerk. Sie können die Grotten auf zwei geführten Wanderungen erkunden, einer kurzen Tour (1,75 km, etwa 1 Std.) und einer langen (ca. 3 km, etwa 2 Std., mit der Grotta Bianca). *Mitte März–Okt. tgl. Führungen jede*

MARCO POLO HIGHLIGHTS

★ **Alberobello**
Ein ganzes Städtchen aus Trulli-Häusern (Seite 59)

★ **Castellana Grotte**
Zauberhafte Unterwelt im größten Grottensystem Italiens (Seite 61)

★ **Martina Franca**
Bürgerstädtchen mit charmanten Barockpalazzi (Seite 64)

★ **Egnazia**
Eindrucksvolle Ausgrabungen des antiken Gnathia (Seite 68)

★ **Locorotondo**
Eines der „weißen" Städtchen Apuliens: Früher kalkte man jedes Jahr sein Haus fürs Patronatsfest (Seite 69)

★ **Ori di Taranto**
Mit dem prachtvoller Goldschmuck würde man sich auch heute gern behängen (Seite 71)

★ **Grottaglie**
Die meisten kommen in das auch landschaftlich reizvolle Städtchen der Keramik wegen (Seite 72)

Stunde 9.30–17.30, auf Deutsch 9.30 und 13 Uhr, mit Weißer Grotte 9–17, auf Deutsch 11 und 15 Uhr; Nov bis Mitte März tgl. 9.30–12.30, mit Weißer Grotte 10–12 Uhr | normale Tour 8 Euro, mit Weißer Grotte 13 Euro | www.grottedicastellana.it

Eine Grotte ohne Touristenrummel, dafür mit phantastischen Alabastergebilden ist die **Grotta del Trullo** *(Okt.–Mai tgl. 10–12.30, 14.30–17, Juni–Sept. tgl. 9–12.30, 14.30–18.30 Uhr | www.grottadeltrullo.com)* am nordwestlichen Ortsrand des nahen alten Städtchens *Putignano*, das in ganz Italien auch berühmt für seinen großartigen Karneval ist. Zum Essen – köstliche Antipasti und knusprige Pizza – geht es 4 km weiter gen Turi ins Masseria-Restaurant *La Reggia del Balì (Di geschl. | SS 172 | Contrada Zingarelli 8 | Tel. 08 04 05 79 37 | €–€€).*

Insider Tipp

GIOIA DEL COLLE   [115 D4]

Knapp 30 km westlich von Alberobello erhebt sich das Städtchen über der Murge-Landschaft mit Kirsch- und Mandelbaumplantagen, Walnussbäumen und Feldern. Ziel in Gioia del Colle (30 000 Ew.) ist das stattliche, besonders gut erhaltene *Castello Normanno Svevo* von 1230 mit zwei hohen Ecktürmen aus Bossenquadern und dem schönen Kaisersaal. Ein Teil des Stauferkastells beherbergt das kleine, aber lohnenswerte *Museo Nazionale Archeologico (tgl. 8.30–19.30 Uhr)* mit seinen reichen Funden aus den Ausgrabungen der neusteinzeitlichen Stadtsiedlung des alten apulischen Volkes der Peuketier, *Monte Sannace* genannt, das 4 km nordöstlich von Gioia liegt.

BRINDISI

[117 D2] Dank eines besonders geschützten Naturhafens, der wie ein Trichter ins Land hineindringt und sich in zwei Binnenarmen um die Altstadt legt, entstand hier für das römische Imperium der wichtigste Hafen an der südlichen Adria. Auch heute noch legen von den Binnen- und Außenpiers der Stadt (88 000 Ew.) neben Fracht- und Marineschiffen Fähren nach Albanien, Griechenland, in die Türkei ab. Im Mittelalter schifften sich von hier die Kreuzfahrer ein.

■ SEHENSWERTES ■

ALTSTADT

Weder malerisch noch herrschaftlich lohnt die Altstadt dennoch einen Bummel. Zu entdecken sind römische Ausgrabungen unter dem modernen *Theater Verdi (Scavi San Pietro degli Schiavoni | Mo–Sa 8.30–13 Uhr)*, die berühmte *Colonna Romana* am Hafen, Endpunkt der antiken Reichsstraße Via Appia aus Rom, das obligate *Stauferkastell (Marinesperrgebiet)* sowie am Außenhafen eine *Festung (Mo 8.30–14 Uhr)* aus der Herrschaftszeit der spanischen Könige Aragon-Anjo. Sehenswert sind auch die Kirchen, so der barocke *Duomo San Teodoro* mittelalterlichen Ursprungs, die Benediktinerabtei *San Benedetto* mit schönem Kreuzgang (12. Jh.) und die kleine Templerkirche *San Giovanni al Sepolcro* (11. Jh.) aus der Zeit der Kreuz- und Pilgerzüge ins Heilige Land. Vom Lungomare Regina Margherita mit dem alten, heute renovierten *Grandhotel Albergo Internationale (www.albergointernazionale.it | €€€)* schaut man auf das auf der

IM LAND DER TRULLI

anderen Seite des Hafens emporstei-
gende  *Seefahrerdenkmal* aus fa-
schistischer Zeit (Panoramablick von
der Spitze). Hier findet man aus-
nahmsweise auch Parkplätze und
kann mit der alle 10 Min. verkehren-
den Hafenfähre zur Altstadt überset-
zen *(1 Euro).*

MUSEO ARCHEOLOGICO PROVINCIALE
Das Archäologische Museum zeigt
viele schöne Funde aus messapischer
und römischer Zeit, darunter zwei
erst 1992 aus dem Meer gefischte
Bronzestatuen. *Zzt. wegen Restaurierung geschl., Wiedereröffnung Som-
mer 2008 | Piazza del Duomo/Por-
tico dei Templari*

SALA DELLA COLONNA
Im restaurierten Palazzo Nervegna
(16. Jh.), dem ehemaligen Gerichts-
hof, kann man seit Kurzem das origi-
nale, kunstvoll gearbeitete Kapitell
der römischen Hafensäule (dort eine
Kopie) von Nahem bewundern. *Di
bis So 10–13, 17–20 Uhr | Piazza
Sottile De Falco*

SANTA MARIA DI BORGO CASALE
3 km außerhalb des Zentrums auf
dem Weg zum Flughafen finden Sie
diese schöne mittelalterliche Kirche
(13. Jh.) mit ihrer geometrisch verzierten Fassade und im Innern einem
gut erhaltenen, byzantinisch anmutenden Freskenschmuck aus dem
14. Jh. *Ortsteil Casale*

ESSEN & TRINKEN
LA CORNICHE ▶▶
Neues schickes Kaffeehaus, Aperitif,
Restaurant auch mit Pizza an der
Hafenpromenade. *Di geschl. | Viale*

Brindisi: eine der bedeutendsten Hafenstädte an der südlichen Adria

Regina Margherita 40 | Tel. 08 31
59 08 92 | www.lacorniche.it | €

MENHIR
Originelle Seefood-Küche in urban-
elegantem Ambiente. *Mo geschl.* |
Via Marco Pacuvio 16 | *Tel. 08 31
56 28 36* | *www.ristorantemenhir.it* |
€€ – €€€

■ ÜBERNACHTEN ■

HOTEL BARSOTTI 🌐
Gepflegtes modernes Hotel in Bahn-
hofsnähe in der Altstadt, auf Wunsch
Segelausflüge. *60 Zi.* | *Via Cavour 1*
| *Tel. 08 31 56 08 77* | *www.hotelbar
sotti.com* | €€

■ AUSKUNFT ■

APT | *Lungomare Regina Margherita
44* | *Tel./Fax 08 31 52 30 72* | *www.
pugliaturismo.com/aptbrindisi, www.
brindisiweb.it, www.viaggiareinpu
glia.it*

>LOW BUDGET

> In Brindisi stehen die Menschen
Schlange vor der *Pizzeria Romanelli*
für die mit Käse und Tomaten ge-
füllte leckere und günstige Teigtasche
fritta (So geschl. | *Via Santa Lucia 3)*.

> Kultur gratis in Brindisi: Sämtliche
Museen und Sehenswürdigkeiten
der Stadt sind kostenlos zugänglich.

> Preiswerter Imbisstipp in Alberobello
in der *Tigelleria da Lorenzo*. Hier
gibt's köstliche ofenfrische *panze-
rotti, rustici, tigelle, pizzette* – alles
Teigwaren mit Tomaten, Käse und
verschiedenen Gewürzen – auf die
Hand *(Mi geschl.* | *Via Bissolati
Leonida 16)*.

■ ZIELE IN DER UMGEBUNG ■

**STRÄNDE IM
NORDWESTEN** [116–117 B–D]
Mit Sandstränden und Felsformatio-
nen setzt sich die Küste nordwestlich
von Brindisi fort. Es folgt ein Naturschutzgebiet um den alten Küsten-
wachturm *Torre Guaceto*. Südöstlich
des Turms darf man nicht baden, gen
Nordwesten gibt es organisierten und
freien Strandbetrieb an wunderschön *Inside Tipp*
feinsandigen Stränden. Im Anschluss
an das Naturreservat beginnt die
Costa Merlata, so genannt wegen ihrer vom Wasser krustig erodierter
Felsschichten, die die Küste säumen,
und in denen sich hier und dort win-
zige Buchten zum Baden öffnen.
Kleine sandige Badebuchten zwischen Felsen, Ferienhäuser und Hotelanlagen bieten *Marina di Ostuni*,
Villanova und *Rosa Marina*.

An langen Sandstränden mit an-
sprechenden Ferienanlagen geht es
zum Thermalkurort *Torre Canne
Terme*. Im Nordwesten von Torre
Canne, vorbei am Leuchtturm, stößt
man auf flach ins Meer führenden
Felsplatten auf das Beachlokal *Ta-* *Inside Tipp*
verna Da Santos (April–Sept. | *www.
tavernadasantos.com)*, ein Traum-
plätzchen mit griechischem Flair.

MARTINA FRANCA

[116 B1] ⭐ Ideal als Standort für einen
mehrtägigen Aufenthalt ist das besonders
sympathische, weiße Barockstädtchen
Martina Franca (47 000 Ew.). Es liegt an
den südlichen Ausläufern der malerisch
bäuerlichen Landschaft der Murge. Hier
säumen die gewundenen Gassen,

IM LAND DER TRULLI

Straßen und Plätze dicht an dicht weiß gekalkte Fassaden, die durch schön geschwungene Steinportale und Fensterfassungen und durch elegant dekorierte Balkone aufgewertet werden – keine Prunkarchitektur, sondern liebenswerte Bürgerhäuser.

Der freie Bürgerstolz des Städtchens geht auf das 16. Jh. zurück, als

Lebendig wird's jeden 3. Sonntag im Monat beim Antiquitäten- und Trödelmarkt. Und eine gehobene Stimmung durchweht die Stadt, wenn hier Mitte Juli/Mitte August das renommierte Opernfestival *Festival della Valle d'Itria* stattfindet *(Infos: Tel. 08 04 80 51 00 | www.festivaldellavalleditria.it).*

In Martina Franca werden Ferienwohnungen in barocken Palazzi vermietet

sich dank der von Ferdinand von Aragon zugestandenen Verwaltungsfreiheiten ein selbstbewusstes Bürgertum (Landbesitz und Tierzucht) entwickeln konnte. Viele Gassen laden zum Bummeln ein. Die Hauptachse zum Shoppen ist der *Corso Vittorio Emanuele,* der die Piazza Roma (mit dem *Palazzo Ducale*) und die Piazza Plebiscito (mit dem Dom *San Martino*) verbindet.

■ SEHENSWERTES ■

DUOMO SAN MARTINO
Die in gelben Stein gemeißelte, zauberhafte Barockfassade des Doms wird abends stimmungsvoll angestrahlt; sehenswert im Innern ist der barocke Hauptaltar. *Piazza Plebiscito*

PALAZZO DUCALE
Der riesige Palast des Fürsten Petracone Caracciolo aus dem 17. Jh. be-

herbergt in seinen Zimmerfluchten heute die Büros der Stadtverwaltung. Die *Galleria dell'Inferriata* mit ihren Fresken von Domenico Carella dürfen Sie aber besichtigen *(mit Museum zum Naturpark Pianelle | Mo bis Fr 9–13, 16–18 Uhr).* Vor dem

Durch die barocke Porta di Santo Stefano geht's in die Altstadt von Martina Franca

Palast öffnet sich die dreieckige *Piazza Roma* mit Palmen und besonders schönem Brunnenbecken.

PIAZZA MARIA IMMACOLATA

Die halbrunde Piazza folgt auf den Domplatz und überrascht wirkungsvoll mit einem schönen, rundum laufenden Säulengang.

> *www.marcopolo.de/apulien*

■ ESSEN & TRINKEN ■

CONVIVIUM

Hinterm Palazzo Ducale eine Weinbar mit guter Wein- und Bierauswahl und leckeren Speisen, im Sommer verlagert sich alles nach draußen. *Mo und mittags geschl. | Via Pietro Barnaba 7 | Tel. 368 56 16 30 | €–€€*

AI PORTICI

Etwas touristisch, aber im Sommer sitzt es sich schön unter den Arkaden an der Piazza Maria Immacolata 6. *Di geschl. | Tel. 08 04 80 17 02 | €€*

AL RITROVO DEGLI AMICI

Im eleganten Innern eines alten Palazzo nahe der Piazza XX Settembre sorgfältige Spezialitätenküche und reiche Vorspeisen. *So abend und Mo geschl. | Corso Messapia 8 | Tel. 08 04 83 92 49 | €€–€€€*

■ ÜBERNACHTEN ■

RELAIS VILLA SAN MARTINO 🔊

Für hohe Komfortansprüche vor den Toren der Stadt im Grünen. Mit Spa-Bereich, Pool und gepflegten Restaurants. *Ganzjährig | 23 Zi. | Via Taranto | Tel./Fax 08 04 85 77 19 | www.relaisvillasanmartino.com | €€€*

VILLAGGIO IN

Inside Tip!

Ein Hotel, zu dem in der gesamten Altstadt 48 geschmackvoll eingerichtete Apartments (2–4 Pers.) gehören, dazu ein feines Restaurant und eine Pianobar. *Ganzjährig | Via Arco Grassi 8 | Tel. 08 04 80 59 11 | Fax 08 04 80 50 17 | www.villaggioin.it | €*

■ AM ABEND ■

Im Sommer laden die Cafés und Eisbars auf den Plätzen, allen voran die

IM LAND DER TRULLI

Piazza XX Settembre, bis spätabends ein. Hier befindet sich auch das unter jungen Leuten beliebte ▶▶ *Gran Caffè* mit Cocktails zur Musik. Süßes, Eis und gute Absacker bekommen Sie im gemütlichen Traditionscafé *Caffè Tripoli* an der Via Garibaldi/Piazza Immacolata.

■ AUSKUNFT ■

Informazioni Turistiche im Palazzo Ducale | Piazza Roma 37 | Tel./Fax 08 04 80 57 02 | www.martinafranca tour.it

■ ZIELE IN DER UMGEBUNG ■

CEGLIE MESSAPICA [116 B2]

Das etwa 20 km südöstlich von Martina Franca über der gepflegten ländlichen Murge-Landschaft gelegene Städtchen lässt Historiker aufhorchen, denn wie viele Orte hier geht auch dieser auf eine Siedlung des alten Volkes der Messapier zurück. Aber auch denjenigen, die sich für die typisch apulische Traditionsküche mit all ihren Kräutern, ihrem un-

glaublichen Gemüse- und Frischkäsereichtum, ihren Lamm- und Zickleinspezialitäten interessieren (auf dem Ortsschild steht auch *terra di gastronomia*), ist Ceglie Messapica ein Begriff – und zwar wegen einiger berühmter Restaurants: Mitten im Grünen am Ortsrand finden Sie erstklassige Spezialitäten im stimmungsvollen *Al Fornello da Ricci (Mo-Abend und Di geschl. | Ortsteil Montevicoli | Tel. 08 31 37 71 04 | €€€)*. In der Altstadt lockt die *Osteria Cibus* mit ausgesuchten Köstlichkeiten unter ihre Gewölbe *(Di geschl. | Via Chianche di Scarano 7 | Tel. 08 31 38 89 80 | www.ristorantecibus.it | €€)*.

Ein Spitzenrestaurant bietet das ruhige Hotel ◢ *La Fontanina* im Grünen an der Landstraße nach Francavilla *(nur abends, So/Mo geschl. | €€–€€€; Hotel ganzjährig | 35 Zi. | Contrada Palagogna | Tel. 08 31 38 09 32 | Fax 08 31 38 09 33 | www.lafontanina.it | €€)* mit Pool und Spa.

▶ TRULLI-ARCHITEKTUR
Häuschen, die über Nacht verschwanden

Die beliebteste Legende über die Entstehung der Trulli ist die des Feudalherrn Giangirolamo Acquaviva, der sich im 17. Jh. der Gebäudesteuer des Großreichs Neapel entziehen wollte: Mit den groben Steinen, die seine Bauern aus den Feldern wegräumten und damit Mäuerchen bauten, sollten sie auch ihre Häuser errichten – nur geschichtet und mörtellos, um beim Nahen der Steuereintreiber über Nacht ihre Häuser abtragen zu können. Kegelförmig geschichtete Feldsteine bis hinauf zur Dachspitze, jeder neue Raum ein neuer Kegel. Die ältesten noch stehenden Trulli sind gerade 300 Jahre alt, doch eine vergleichbare Architektur fand man in der Antike schon in Syrien, Griechenland und Ägypten vor. Neben den alten ist längst auch manch neuer Trullo auszumachen. Über 5000 Trulli werden gezählt, Tendenz steigend. Was aber hinter den geheimnisvollen Zeichen auf den Dächern steckt, hat bisher keiner herausgefunden.

CISTERNINO ❊ [116 B1]

Das leicht orientalisch angehauchte, beschauliche Städtchen – eines der Schmuckstücke in der Valle d'Itria – liegt 9 km nordöstlich von Martina Franca auf einer Anhöhe mit tollem Weitblick. Nach einem Bummel sollten Sie in der *Arrosteria del Vicoletto* die typischen *gnumerieddi* kosten, im

Insider Tipp

Flamingos im großen Safarizoo nahe Fasano

Darmnetz gegrillte Innereien vom Schaf *(mittags sowie So, Mo und Do geschl. | Via Giulio II 16 | Tel. 08 04 44 80 63 | €)*

EGNAZIA ★ [115 F4]

Ca. 30 km nördlich kommen Sie über Fasano zum gut ausgeschilderten Ausgrabungsgebiet der frühapulischen Stadt Egnazia (griech. *Gnathia*) mit ihren eindrucksvollen messapischen, griechischen und römischen Siedlungsresten *(tgl. 8.30 Uhr bis 1 Std. vor Sonnenuntergang)*. Das nahe *Museo Archeologico Nazionale* zeigt anschaulich die Funde, allen voran die berühmte Gnathia-Keramik und das römische Mosaik der „Drei Grazien" *(tgl. 8.30–19.15 Uhr)*.

Landschaftlich schön ist hier die Küste aus Felsplatten und türkisfarbenen Buchten. Der nahe Fischerort *Savelletri* beliefert die lokalen Fischrestaurants mit fangfrischem Fisch und Meeresfrüchten. Spezialitäten sind rohe Seeigel und überbackene Miesmuscheln.

FASANO [115 F4]

17 km nördlich ist nach einer Fahrt durchs wunderschöne Trulli-Land Fasano erreicht, bekannt wegen eines großen Safarizoos *(s. Kapitel „Mit Kindern reisen")* und wegen einiger besonders schöner Hotels in stattlichen Masserie. Das ist nahe der Küste bei Savelletri die zauberhafte ॥ *Masseria Torre Coccaro* mit gutem Restaurant *(ganzjährig | 39 Zi. | Ortsteil Coccaro | Tel. 08 04 82 93 10 | Fax 08 04 82 79 92 | www.masseria torrecoccaro.com | €€€)* mit einem traumhaften ▶▶ *Beachclub* direkt am Meer, mit Wellnessbereich und Sushi-Küche, auf Reservierung offen auch für Nicht-Hotelgäste *(Mai bis Okt.)*. Günstiger ist die etwas einfachere *Masseria Narducci (ganzjährig | 10 km südöstlich in Speziale | 9 Zi. | Tel./Fax 08 04 81 01 85 | www. agriturismonarducci.it | €–€€)*. Ein Luxushotel inmitten eines Olivenhains beherbergt die wunderschöne ॥ *Masseria San Domenico* mit exzellentem Restaurant *(auch Pool,*

Insider Tipp

IM LAND DER TRULLI

Golf, Fitness | ganzjährig | 50 Zi. | Savelletri di Fasano | Tel. 08 04 82 77 69 | Fax 08 04 82 79 78 | *www. imasseria.com* | €€€).

LOCOROTONDO ⭐ 🌼 [115 F4]

Die Silhouette von Locorotondo (14 000 Ew.), auf einer Anhöhe nach 6 km gen Norden auf der besonders beschaulichen Fahrt durchs Land der Trulli erreicht, ist unverwechselbar. Eng aneinandergepresst ziehen die weißen Häuschen ihre Kreise um den Altstadtkern, denn kreisrund *(rotondo)* ist dieser von Touristen noch nicht so überlaufene Ort *(loco)* um eine Hügelkuppe angelegt. Mit seinen steilen, grau gedeckten Giebeln, seinen Loggienfenstern und den in Steinbögen gefassten Eingangsportalen bietet er ein gut erhaltenes Bild von einem der vielen eigenwilligen Architekturbeispiele in Apulien. Über allem ragt mächtig die neoklassizistische Kuppelkirche *San Giorgio Martire*. Im malerischen Häuserlabyrinth der Altstadt, in dem Sie auch die eine oder andere gute Trattoria finden, überrascht die romanische Kirche *Madonna della Greca* mit schönen Säulenkapitellen.

OSTUNI 🌼 [116 B–C1]

Die „weiße Stadt" (35 000 Ew., 30 km östlich von Martina Franca), die drei Hügelkuppen hinaufsteigt, toppt mit ihrem Stadtbild alle Morgenlandstädtchen der Valle d'Itria. Doch damit drängeln sich auch in der Hochsaison am Wochenende die Touristen in den schmalen Gassen. Angesagt ist Ostuni auch unter den jungen, braun gebrannten Szenegängern, die sich im ▶▶ *Café Riccardo (Via Tanzarella*

Vitale 61/63 | *www.riccardocaffe. com)* treffen.

Der Aufstieg in die gut erhaltene Altstadt beginnt an der Piazza Libertà mit dem *Palazzo Comunale*, einem ehemaligen Franziskanerkloster aus dem 14. Jh., und der *San-Oronzo-Säule* (18. Jh.). Steil geht es die mit Souvenirläden gesäumte Hauptgasse hinauf, vorbei an der Klosterkirche *Le Monacelle* mit archäologischen Ausstellungen bis zur Kathedrale *Santa Maria* und ihrer

Typisch für Ostuni sind die weißen Häuser mit Außentreppe

geschwungenen, spätgotischen Fassade. Von der  oberen Altstadt haben Sie phantastische Weitblicke.

In den malerischen Altstadthäusern entstehen feine Hotels und Osterien, so auch das ᚼ *Hotel La Terra (17 Zi. | Via G. Petrarolo 20 | Tel./Fax 08 31 33 66 51 | www.laterra hotel.it | €€–€€€)*. Am idyllischsten sitzt und speist man auf den Terrassen der *Taverna della Gelosia (tgl., im Winter nur Sa/So | Via Andriola 26 | Tel. 08 31 33 47 36 | www.taver nadellagelosia.it | €€)*. Ein hübsches Masseriahotel (€€) bzw. -restaurant (€€€) vor den Toren Ostunis ist *Il Frantoio (ganzjährig | 8 Zi., 1 Apt. | an der SS 16, km 874 | Tel./Fax 08 31 33 02 76 | www.masseriail frantoio.it)* mit Ölmühle *(Verkauf www.trecolline.it)*.

Umgeben von Olivenhainen in einem ländlichen Arkadien liegen die fünf schönen Ferienwohnungen der *Villa Agreste (Contrada Conca D'Ostuni | Tel. 33 56 04 20 42 | Fax 08 31 30 50 51 | www.villaagreste.it | €–€€)*. Feinschmecker lieben die exzellente Küche von Teresa Buongiorno in der *Osteria Già sotto l'Arco* im 8 km entfernten *Carovigno (Mo geschl. | Corso Vittorio Emanuele II 71 | Tel. 08 31 99 62 86 | www.giasottolarco.it | €€€)*.

TARANTO (TARENT)

KARTE IN DER HINTEREN UMSCHLAGKLAPPE

[116 A3] Auch wenn die Anfahrt angesichts der riesigen Industrieanlagen vor dem uralten Taranto – vor 2600 Jahren die blühende griechisch-spartanische Handelsmetropole Taras mit mehr Einwohnern als den heutigen 240 000 – zunächst abschreckt, lohnt sich ein Besuch. Interessant ist allein schon ihre Insel- bzw. Halbinsellage zwischen dem kleinen Binnenmeer *Mar Piccolo* und dem großen Meer *Mar Grande* bzw. dem *Golf von Tarent* am Ionischen Meer. Durch die chaotische Besiedlung der modernen Stadterweiterung im Nordwesten mit Bahnhofsviertel erreichen Sie über den *Ponte di Porta Napoli* die Altstadtinsel.

Immer noch restaurierungsbedürftig und von leicht düsterer Atmosphäre lohnt die Altstadt dennoch den Bummel, auch dank des stattlichen, renovierten Doms *San Cataldo (Via del Duomo)* und der Kirche *San Domenico Maggiore (Piazza San Domenico)*, beide ein Architekturmix aus Mittelalter und Barock. Sie wird von den beiden  Uferstraßen flankiert, von denen Sie schöne Ausblicke auf das jeweilige Meer, den Hafen und auch die großen Muschelzuchtanlagen haben. Im Südosten der Altstadt gelangen Sie über eine Drehbrücke in die Neustadt, die urbane Erweiterung des 19. Jhs. – mit breit angelegten Straßen, bürgerlichen Wohnhäusern und gepflegten Uferpromenaden. Elegante Shoppingmeilen sind die verkehrsberuhigten Straßen *Corso Umberto, Piazza Immacolata, Via D'Aquino*.

■ SEHENSWERTES
CASTEL SANT'ANGELO
Die mächtige Festung mittelalterlichen Ursprungs wurde 1492 von Ferdinand von Aragon gegen die Türkengefahr ausgebaut. Sie be-

schließt die Altstadt und gibt den Blick frei auf den drehbaren *Ponte Girevole,* der seit dem 19. Jh. die Verbindung zur Neustadt darstellt.

MUSEO ARCHEOLOGICO NAZIONALE

Zu den großartigen Fundstücken aus der Antike Süditaliens gehören die raffinierten Goldschmiedearbeiten,

■ ESSEN & TRINKEN ■
TRATTORIA GESÙ CRISTO

Große Trattoria im Marktviertel der Neustadt, in der sich vor allem Einheimische die superfrischen Fischgerichte schmecken lassen. Man isst, was gerade auf den Tisch kommt. *So-Abend und Mo geschl.* | *Via Battisti 8* | *Tel. 09 94 77 72 53* | €

Weltberühmt: „Ori di Taranto" – fein ziselierter Goldschmuck aus der Antike

für die das hellenistische Taranto (4.–1. Jh. v. Chr.) berühmt war: die ★ *Ori di Taranto.* Die filigran gearbeiteten Halsketten, Diademe und Ringe waren zumeist Schmuckstücke, die den Toten mit ins Grab gelegt worden sind. Nach Jahren der Restaurierung ist der 1. Stock mit der Goldsammlung wieder zugänglich. *Tgl. 8.30–19.15 Uhr* | *Via Cavour 10* | *www.museotaranto.it*

■ ÜBERNACHTEN ■
HOTEL EUROPA ☼ ♫

Gepflegtes Stadthotel mit Blick aufs Binnenmeer und die Altstadtinsel. *43 Zi.* | *Via Roma 2* | *Tel./Fax 09 94 52 59 94* | *www.hoteleuropaonline.it* | €€

■ AUSKUNFT ■

APT | *Corso Umberto 113* | *Tel. 09 94 53 23 92* | *Fax 09 94 52 04 17* | *www. pugliaturismo.com/apttaranto*

■ZIELE IN DER UMGEBUNG■

GROTTAGLIE ★ [116 B2]

Wer Keramik mag, Vasen, Geschirr, Krüge, der ist hier im berühmten

Grottaglie, das kunsthandwerkliche Zentrum für Keramik

Keramikstädtchen, 14 km östlich von Taranto, genau richtig und hat bei der Ansammlung von Werkstätten und Läden nur noch die Qual der Wahl. Die nach alter Tradition hergestellten Gefäße kosten in den hiesigen La-denwerkstätten immer noch etwas weniger als in den Souvenirläden.

MANDURIA [116 C3]

Die Kleinstadt (31 500 Ew., 32 km östlich von Taranto) – Zentrum eines deftigen roten Tropfens, des *Primitivo di Manduria* – kann mit uralten steinzeitlichen Siedlungsspuren aufwarten. In griechischer Zeit konkurrierte sie mit dem nahe gelegenen *Taras*. Zu sehen sind heute noch die mächtigen steinernen Siedlungsspuren der Messapier, des alten apulischen Kulturvolks, aus der Zeit um 6. und 5. Jh. v. Chr.

Den *Parco Archeologico delle Mura Messapiche (Di–So 9–13, 16.30–20 Uhr)* können Sie mit Führung besichtigen *(Pro Loco Manduria | Via Pietro Maggi 7 | Tel. 09 99 79 66 00, Servizio Guida auch Handy 33 81 34 04 66).*

MASSAFRA [115 E5]

Von Taranto landeinwärts geht es durch eine wohlbestellte Ebene. Unvermittelt erheben sich daraus die Höhen der *Murge tarantine*, einer teilweise zerklüfteten, wild bewachsenen Kalklandschaft, in der sich viele sogenannte *gravine* öffnen: Karstschluchten voller Grotten, die im Lauf der Geschichte immer wieder als Behausungen und Kirchen dienten – etwa für die Basilianermönche auf ihrer Flucht vor dem byzantinischen Bildersturm ab dem 9. Jh. Diese *civiltà rupestre,* diese Höhlenkultur, zieht sich von Mottola, Massafra über Laterza und Ginosa bis hin zur weltberühmten Höhlenstadt von Matera in der benachbarten Basilikata und weiter nach Gravina in

> *www.marcopolo.de/apulien*

IM LAND DER TRULLI

Puglia. Landschaftlich höchst eindrucksvoll ist die ☀ Gravina vom Städtchen *Massafra* (30 000 Ew., 17 km nordwestl. von Taranto) mit der Wallfahrtskirche *Madonna della Scala* (18. Jh.). Geführte Spaziergänge bringen Sie zur Höhlensiedlung *villaggio rupestre Santa Marina* in der Gravina San Marco und zu vier im Stadtgebiet befindlichen Grottenkirchen, den *chiese rupestri San Leonardo, Candelora, Sant'Antonio Abate* und *San Marco* mit teils noch erhaltenen mittelalterlichen Fresken *(Info und Führungen durch das Ufficio Turistico im Rathaus | Piazza Garibaldi | Tel. 09 98 80 46 95, Handy 33 85 65 96 01 | www.terra dellegravine.org)*.

Insider Tipp

MOTTOLA [115 E5]

In Mottola (17 000 Ew.) liegen die Sehenswürdigkeiten draußen vor den Toren an der Landstraße (nicht die Schnellstraße nehmen) Richtung Massafra. Die schluchtartige *Gravina di Petruscio,* zum Teil von einem dichten Wald aus Aleppokiefern überzogen, ist ein *villaggio rupestre*, ein Felsendorf, das voller Grottenbehausungen aus dem Mittelalter steckt. Führungen bringen Sie hierher. Richtung Palagianello im Umfeld der *Masseria Casalrotto* entdecken Sie ein weiteres Grottendorf. Auf einem geführten Spaziergang lassen sich auch die *chiese rupestri,* die Grottenkirchen besichtigen, das sind allen voran die zweistöckige Grottenkirche *Sant'Angelo,* die *Chiesa di Santa Margherita,* die *Chiesa di San Gregorio* und weiter südlich die wegen ihrer Ausmalung berühmten Grottenkirche *Chiesa di San Nicola*. Infos und Führungen gibt es im *Ufficio Turistico (Via Vanvitelli 2 | Tel. 09 98 86 69 48 | www.comune.mottola.ta.it)*. Ideale Basis für die Grottenerkundung ist die *Masseria Cassiere* 5 km nördlich von Mottola, als ein Infozentrum für den Parco delle Gravine bietet sie Gravina-Führungen auch auf Englisch an *(3 Zi., 2 Apts. | Contrada Matine 180 | San Basilio | Tel./Fax 09 98 83 33 43, Handy 34 93 26 93 02 | www.masseriacassiere.it | €)*.

Insider Tipp

ORIA [116 C3]

Von Manduria geht es schnurstracks 10 km gen Norden ins sympathische Städtchen Oria, das sich vor 2500 Jahren einen Namen als sagenhafte Königsstadt der Messapier machte. Die urbane Krönung im wahrsten Sinne des Wortes bildet die mächtige, noch völlig intakte *Burgfestung* des Stauferkaisers Friedrich II.

STRÄNDE AM IONISCHEN MEER

Südlich Mandurias liegen die langen Dünenstrände von *San Pietro in Bevagna* [116 C4] und *Campomarino* [116 B4]. Eine beliebte Strandgegend mit regem Badeleben ist *Marina di Pulsano* [116 B4] Richtung Taranto. Nach wenigen Kilometern erreicht man die wunderbaren Küstenflecken ▶▶ *Baia d'Argento* und ▶▶ *Baia del Pescatore,* auch Schauplätze der abendlichen Beachszene. Am Golf westlich Tarantos [115 D–E6] findet ein familienfreundliches Strandleben in *Castellaneta Marina* im Schatten von Pinien statt. *Marina di Ginosa* wird regelmäßig mit der blauen Flagge für gute Wasser- und Strandqualität ausgezeichnet.

> IM STIEFELABSATZ ITALIENS

Der verspielte Barock von Lecce, wunderschöne Badebuchten und die malerischen Küstenstädte Gallipoli und Otranto

> Der Salento – die Absatzspitze des italienischen Stiefels – steht im Ranking der angesagten Sommerlocations derzeit ganz oben. Je nach Wind und Sonnenstand sucht man sich den richtigen Strand, die richtige Klippe aus, mal am Ionischen Meer, mal an der Adriaküste, es ist alles nicht weit.

Küstenzentren längs der Adria sind das gepflegte, alte Städtchen Otranto und der edle Thermalkurort Santa Cesarea Terme. Am Ionischen Meer zieht Gallipoli mit seiner malerischen Altstadtinsel und seinen schönen Sandstränden die Aufmerksamkeit auf sich. Im Landesinnern wird Wein angebaut und Tabak, wunderschön sind die Olivenhaine, mit oft uralten Bäumen wie grandios verwachsene Natursculpturen, unter denen sich im Frühsommer Teppiche aus rotem Klatschmohn ausbreiten. Aus den grauroten Feldsteinen wurden einst Mäuerchen und Acker-

Bild: Hafen von Otranto

DER SALENTO

schuppen geschichtet, hier nicht Trulli, sondern *pagghiari* genannt. Zu Ausflügen laden die sympathischen Landdörfer ein, tagsüber verschlafen, doch wenn abends eines der vielen Dorffeste steigt, die *sagre,* erwachen sie zum Tamburello-Rhythmus der Pizzica zu pulsierendem Leben. Und als städtischer Höhepunkt liegt mittendrin im Salento die Provinzhauptstadt Lecce mit ihrer verschnörkelten Barockarchitektur.

GALLIPOLI

[117 D5] ⭐ **Ein Meer aus Häusern in allen Weißschattierungen, oft mit flachem Terrassendach, schwungvollen Balkonträgern und schweren Eisengittern.** Hier und dort zieren Barockdekorationen Tür- und Fensterrahmen. Eine Stadt, durchzogen von mäanderartigen Gassen, Sträßchen, kleinen Plätzen, Innenhöfen – und voll süditalienischem Flair.

All das breitet sich auf einem Kalkplateau aus, das sich als Insel vor der Küste über dem Meer erhebt, eingefasst in einen Befestigungswall, heute Uferpromenade. Durch einen Brückendamm ist die Altstadt mit der Festlandsspitze verbunden. Auf dieser Spitze dehnt sich die lange nicht so schöne Neustadt (insgesamt 20 000 Ew.) aus.

Siedlungsdichte der Altstadt wäre dafür kein Platz gewesen. Fragen Sie im Touristenbüro nach der Besichtigung eines *frantoio oleario ipogeo.*

Dass es der Stadt gut ging, bezeugen auch die vielen reich ausgestatteten Kirchen. Die Kirche der Hafenarbeiter ist die weiß gekalkte *Chiesa Santa Maria della Purità* mit schönem Majolikaboden (17. Jh.). In den

![Unterirdische Ölverarbeitung]

Unterirdische Ölverarbeitung: Früher besaß Gallipoli über 30 „frantoi oleari"

Vor mehr als 2500 Jahren wurde Gallipoli unter griechischen Kolonisatoren als *kalé polis*, die schöne Stadt, gegründet. Im 17./18. Jh. verschiffte man im Hafen von Gallipoli Lampenöl aus Oliven an Kunden in ganz Europa. In der Zeit entstanden die unter die Palazzi in den Kalkstein gegrabenen unterirdischen Ölmühlen, bis zu 35 an der Zahl, in der

Hafenbecken um die Altstadt herrscht das emsige Treiben der Fischer.

■ SEHENSWERTES ■

CASTELLO
Die Wehranlage links vom Brückendamm hat ihren Ursprung in einer byzantinischen Festung, wurde von den Staufern umgebaut und schließlich im 16. Jh. den Verteidigungs-

maßnahmen der Renaissance angepasst. Früher sollte sie die Altstadt vor Feinden vom Festland schützen. Heute finden hier sommerliche Kulturveranstaltungen statt.

CATTEDRALE SANT'AGATA

Die stattliche dreischiffige Kathedrale mit ihrer Fassade im Lecceser Barockstil beherbergt inmitten der Altstadt eine überwältigende Sammlung von Gemälden aus dem 17. und 18. Jh.

FONTANA GRECA

Vor der im Jahr 1603 errichteten Altstadtbrücke fällt der Blick zur Linken auf den „griechischen Brunnen", dessen drei hellenistische Hochreliefs mit mythologischen Themen in eine Brunnenanlage des frühen Barocks einbezogen wurden.

MUSEO CIVICO

Sehenswertes Stadtmuseum in der Altstadt mit archäologischen, historischen und naturkundlichen Zeugnissen. *Juni–Sept. tgl. 10–13, 17–23 Uhr, sonst Mo, Mi, Fr, Sa/So 10–13,*

Di und Do auch 16–19 Uhr | Via De Pace 108

◼◼ ESSEN & TRINKEN ◼◼◼◼◼

A FRISARA

Insider Tipp

Ein Beachtipp: unterm Schilfdach am Strand von Capilungo Alliste ca. 17 km südlich von Gallipoli *puccie* und *friselle* – apulische Brotfladen – mit duftendem Olivenöl und Gemüse, auch Fisch. *Juni–Sept. tgl. | Lungomare Colombo | Tel. 08 33 94 12 01 | €*

PANE OLIO E FANTASIA

Würzige Fleischspießchen, *bruschette* mit ausgesucht gutem Olivenöl, lockeres Ambiente drinnen und draußen an einem Altstadtplätzchen. *Di geschl. | Piazzetta della Repubblica | Tel. 08 33 26 17 79 | €*

LA PURITATE

Für den eher gehobenen Abend bei besonders guter Fischsuppe (vorbestellen), in der Altstadt oberhalb des Strands *Seno della Purità. Mi geschl. | Via Sant'Elia 18 | Tel. 08 33 26 42 05 | €€–€€€*

MARCO POLO HIGHLIGHTS

★ **Gallipoli**
Lebhaftes Gassentreiben auf der Altstadtinsel (Seite 75)

★ **Freskenzyklus von Santa Catarina d'Alessandria**
Biblische Geschichten und Heilige auf 150 Wandbildern in Galatina (Seite 80)

★ **Lecce**
Kirchen und Palazzi mit überreichem Barockdekor (Seite 81)

★ **Otranto**
Orientalisch-mediterranes Flair in der malerischen Altstadt (Seite 85)

★ **Mosaikfußboden von Santa Maria Annunziata**
Ein faszinierender Bilderbogen aus Millionen bunter Kalksteinchen (Seite 85)

★ **Küste südlich von Otranto**
Eine aufregende Folge von Grotten, Felsterrassen und Buchten (Seite 86)

■ EINKAUFEN ■

In dem Häusergewirr der Altstadt – im Sommer ein abendliches Bummelparadies – finden sich Läden mit Kunsthandwerk und kulinarischen Spezialitäten. Reges Treiben herrscht vormittags in der Markthalle gleich zu Beginn der Altstadt, und ein üppiger Fischmarkt wird unterhalb der Brücke abgehalten. Elegante Boutiquen säumen den *Corso Roma* in der Neustadt.

■ AM ABEND ■

Auf den Altstadtmauern trifft man sich zum Sundowner im *Buena Vista Caffé*, an den Stränden im Süden und im Norden Gallipolis rüsten die Badeanstalten um auf Beachparty: ein Szenetipp ist ▶▶ *Lido Zen* an der südlichen Baia Verde *(www.hotelvicto*

riagallipoli.it). Paradiesische Diskonächte bietet das Ambiente von ▶▶ *Rio Bo* in einer Masseria unweit vom *Lido Conchiglie* im Norden *(www.riobodiscoteca.it)*. Im Sommer Pizzica-Feste in den Dörfern.

■ ÜBERNACHTEN ■

AGRITURISMO SANTA CHIARA

6 km landeinwärts liegt in Alezio ein Gutshof mit Ferienunterkünften (30 Plätze, Zwei- und Mehrbettzimmer). Beliebt bei jungen Leuten und Familien. *An der SS nach Parabita | Tel. 08 33 28 17 08 | Fax 08 33 28 12 90 | www.agriturismosantachiara.it | €*

PALAZZO DEL CORSO

Ein Traumhotel in einem alten Palazzo gegenüber der Altstadt mit Dachterrasse. In Strandnähe im dazu gehörigen *Relais Corte Palmieri* gibt es acht zauberhafte B & B-Unterkünfte (€€€). *Ganzjährig | 7 Zi. | Corso Roma 145 | Tel. 08 33 26 40 40 | Fax 08 33 26 50 52 | www. hotelpalazzodelcorso.it | €€€*

B & B PALAZZO VIA D'OSPINA

In einem herrschaftlichen Palazzo in der Altstadt mit viel Flair, hübschem Innenhof und toller Dachterrasse. *5 Zi. | Corso Italia 65 | Tel. 08 33 26 26 17 | www.viadospina.it | € – €€*

■ AUSKUNFT ■

Informazione Turistica | zzt. im Museo Civico | Via De Pace 108 | Tel. 08 33 26 25 29

■ ZIELE IN DER UMGEBUNG ■

CASARANO   [117 E5]

In dem 18 km landeinwärts gelegenen Ort interessiert vor allem die

---

>LOW BUDGET

> Happy Hour im Salento: In den norditalienischen Städten fing man damit an, ab 19 Uhr zum Aperitif ein üppiges Häppchenbüfett anzubieten, nun ist dies auch in Lecce angekommen. Für 4–7 Euro können Sie sich in zahlreichen Bars zum Aperitif reichhaltig bedienen.

> Gratis ins Museum: Der Besuch des *Stadtmuseums in Lecce* und der *Abtei Santa Maria di Cerrate* ist kostenlos.

> Von Mitte Juli bis Ende September bieten die Tourismusbüros Foggia, Taranto, Bari, Brindisi, Lecce unter dem Label *città aperte* ein üppiges Programm von Gratisführungen zu kulturellen Schätzen in den Städten und außerhalb an.

Basilica Santa Maria della Croce im Ortsteil *Casaranello:* Im Innern gut erhaltene Mosaike aus frühchristlicher Zeit und reicher Freskenschmuck.

seinen Felsinselchen, ideal für Sonnenanbeter. Nördlich von Santa Caterina liegt das Naturschutzgebiet *Parco Naturale Porto Selvaggio* (Naturpark „Wilder Hafen") mit hohen Insider Tipp

Die Fischer von Gallipoli sorgen für die hiesige Spezialität: *zuppa di pesce*

KÜSTE GEN NORDEN [117 D4–5]

Von Gallipoli aus können Sie an die Strände von *Rivabella* und an den *Lido delle Conchiglie* mit schönem Fernblick auf die Altstadtinsel fahren. Unter den Fischrestaurants Insider Tipp längs der Küste hat *L'Ostricaro* garantiert superfrisches Meeresgetier *(Mai–Sept. tgl. | Rivabella-Litoranea Santa Maria al Bagno | Tel. 08 33 27 64 55 | €–€€).* Beliebte Ferienorte mit Atmosphäre an schöner Felsküste im Wechselspiel mit Sandstränden sind *Santa Maria al Bagno, Santa Caterina, Porto Cesareo* mit Felsformationen, Macchia und prähistorischen Grotten.

KÜSTE GEN SÜDEN [117 D–E5–6]

Die ausgedehnten Sandstrände vom *Lido San Giovanni* und der *Baia Verde* schließen sich gleich im Süden Gallipolis an. Hotels, Campingdörfer, Ferienwohnungen und Beachlokale wechseln sich ab. So auch am Hausstrand von Ugento, die Bucht von *Marina San Giovanni,* mit zahlreichen Ferienanlagen.

Weite, feinsandige Dünenstrände in der flachen Landschaft erfreuen dann bei *Marina di Pescoluse,* wegen des weißen Sands und des türkisfarbenen Meeres auch die „Malediven des Salento" genannt. Richtung *Capo Santa Maria di Léuca* wird es wieder sehr felsig und unzugänglich. Längs der Küste stoßen Sie immer wieder auf alte, fotogene Küstentürme, einst als Wachtürme gegen die Eindringlinge vom Meer erbaut.

SALENTINISCHE MURGE [117 D–E 4–5]
Ausflüge ins Landesinnere lohnen sich zu vielen Städtchen wegen ihrer sehenswerten Altstadtkerne, etwa nach *Nardò.* Der geschichtsträchtige Ort messapischer Gründung (17 km nördlich, 31 000 Ew.) kann sich nach Lecce als die zweite, allerdings wesentlich kleinere Barockstadt Apuliens rühmen. Das zeigen die recht prachtvollen barocken Kirchen und ihr schöner Hauptplatz, die *Piazza Salandra,* in deren Mitte die Säule *Guglia dell'Immacolata* (1769) steht. In dem leuchtend weißen Barockpalast (1612), dem *Palazzo della Prefettura* mit seiner *Sedile* genann-

ten Loggia (17. Jh.), ist das Rathaus untergebracht.

Zwei eindrucksvolle Kirchen liegen im Zentrum der netten Kleinstadt *Galatina* (28 000 Ew.), 22 km nordöstlich von Gallipoli. An der Piazza Orsini ist der Freskenzyklus von *Santa Caterina d'Alessandria* aus dem 15. Jh. die Hauptattraktion der 1391 vollendeten Franziskanerkirche. 150 Bilder zeigen anschaulich Szenen aus der Apokalypse, der Schöpfungsgeschichte, aus dem Leben von Jesus, Maria und der heiligen Katherina. Nahe der Hauptpiazza Dante Alighieri steht die Kirche *Santi Pietro e Paolo* in gediegenem Barock, die noch bis in die 80er-Jahre des 20. Jhs. anlässlich des Patronatsfests der beiden Apostel alljährlicher Schauplatz des ekstatischen Taranteltanzes war.

Im nur 4,5 km entfernten *Soleto,* das zu den Ortschaften der *Grecia Salentina,* also zur Gegend mit einer griechisch-byzantinischen Prägung zählt, lohnt ein Blick auf den spätgotischen Turm von *Santa Maria*

> GRIECHENLAND IN APULIEN
„Imesta grichi" – wir sind Griechen

Nicht nur in den Museen und in den Mäandern der Kulturgeschichte hat das alte Griechenland in Apulien überlebt. Im Salento, genauer im Dreieck zwischen Otranto, Gallipoli und Nardò, gibt es neun Dörfer (Calimera, Castrignano dei Greci, Corigliano d'Otranto, Martano, Melpignano, Martigano, Soleto, Sternatia und Zollino), in denen zumindest die ältere Generation noch ein griechisches Idiom spricht, *griko*

oder *grecanico* genannt, das verblüffend dem Altgriechischen ähnelt. Über zweitausend Jahre haben sich diese Sprachinseln erhalten. Heute überleben sie immerhin noch in den Köpfen, denn „Imesta grichi" („Wir sind Griechen") schaffen auch die Jüngeren zu sagen. Und auf Dorffesten werden antike Litaneien, Liebeslieder und Reimdichtungen auf *grecanico* vorgetragen.

Assunta sowie in die romanisch-gotische Kirche *Santo Stefano* mit schönen Fresken.

Im Dorf *Sternatia* (5,5 km nördl.) kann man eine besonders große unterirdische Ölmühle besichtigen. Bitten Sie im Rathaus *(Municipio | Via Brigida Ancora)*, dass man Ihnen aufschließt. Zurück gen Süden Richtung Maglie (Einkaufsstadt mit *Markt)* kommen Sie über *Corigliano d'Otranto:* die Mauern und Terrassen des *Castello De'Monti* (Kulturzentrum) bieten eine der stimmungsvollsten Aperitif-Locations des Salento, das ▸▸ *Kalos Irtate Cafè (Via Romito | Tel. 33 97 82 75 91 | www.kalos irtate.it | €; auch Vermittlung netter B & B-Unterkünfte).*

LECCE

KARTE IN DER HINTEREN UMSCHLAGKLAPPE

[117 E3] ★ Jeder, der im Süden Apuliens Ferien macht, nimmt sich mindestens einen Tag Zeit für Lecce, um sich diesen kleinschnörkeligen, sich in teils grotesken Details verlierenden, eklektisch verschlungenen und dennoch disziplinierten Barock anzuschauen. Wie in Butter geschnitten sieht er aus, eine Einzigartigkeit, die dem besonders weichen und goldgelben Lecceser Kalkstein zu verdanken ist.

Die 100 000-Seelen-Stadt messapischen Ursprungs, die erst bedeutendes römisches Zentrum, dann Bischofs- und Fürstensitz war, erlebte ab dem 16. Jh. eine Blütezeit als Handelszentrum. Durch Karl V. wurde sie zum politischen Mittelpunkt des Salento, was sie in ökonomischer und kultureller Hinsicht noch heute ist. Die Innenstadt mit ihren Kirchen und Palazzi durchweht ein bürgerlich-elegantes Flair, wohlgeordnet, restauriert und selbstbewusst. Die Universität tut das Ihre mit vielen jungen Leuten.

S. Caterina d'Alessandria in Galatina: schönes Portal und bedeutende Fresken

■ SEHENSWERTES

BASILICA SANTA CROCE

Exzessiver geht es nicht: An der Fassade der Basilika und am anschließenden Cölestinerkonvent, dem *Palazzo dei Celestini* (17. Jh., heute Provinzverwaltung), haben sich die Barockkünstler Francesco Antonio Zimbalo und Cesare Penna in der für Lecce typischen Dekorfreude so richtig ausgetobt. Im Innern setzt sich die Pracht fort, allen voran an den Altären. *Via Umberto I*

CASTELLO

Die eindrucksvolle Festung wurde schon von den Normannen angelegt. Im 16. Jh. ließ Kaiser Karl V. sie verteidigungstechnisch modernisieren

wunderschönen Amphoren aus messapischer Zeit. Achten Sie auch auf die prähistorischen Frauenfigürchen aus Knochen, die *Venere di Parabita.* **Insider Tipp** Auch eine interessante Gemäldesammlung gehört zum Museum. *Mo bis Sa 9–13.30 und 14.30–19.30, So 9–13.30 Uhr | Viale Gallipoli 28*

Allabendlich romantisch beleuchtet: Piazza del Duomo in Lecce

und erheblich erweitern. Im exponierten Salento war die Sorge vor Türkeneinfällen allgegenwärtig.

MUSEO PROVINCIALE SIGISMONDO CASTROMEDIANO

Es ist das älteste Museum ganz Apuliens. Den Höhepunkt der reichen archäologischen Sammlung, begründet durch den Fürsten und Archäologen Sigismondo Castromediano, bilden die attischen Keramikvasen und die

PIAZZA DEL DUOMO

An der Flaniermeile durch die Altstadt, der *Via Vittorio Emanuele,* öffnet sich plötzlich ein schmaler Durchgang. Wie eine märchenhafte Erscheinung tut sich hier einer der schönsten Plätze (im an schönen Plätzen wahrlich nicht armen Italien) auf: die Piazza del Duomo – besonders magisch im gelblichen Licht der Abendbeleuchtung. Gegenüber zur Linken steht der stattliche Dom

Santa Maria dell'Assunta, ganz links erhebt sich der mächtige *Campanile* auf 70 m Höhe. Rechts neben dem Dom schließt ebenfalls frontal der Bischofspalast *Palazzo Vescovile* an, und an der rechten Platzflanke erstreckt sich das *Seminario* (Priesterseminar) – eine barocke Symphonie aus dem 17./18. Jh.

PIAZZA SAN ORONZO

Dem Stadtpatron gewidmete zentrale Hauptpiazza mit einem Stilmix an Gebäuden. An ihr liegen sowohl faschistische Bauten als auch der 1592 errichtete Versammlungsportikus, der *Sedile,* und die Renaissancekapelle *San Marco.* Hoch oben auf der römischen *Colonna,* der zweiten der beiden Endsäulen der *Via Appia* (die andere steht in Brindisi), thront die Statue des Stadtpatrons San Oronzo (17. Jh.). Und schließlich sind hier noch die eindrucksvollen freigelegten Teile des römischen *Anfiteatro* aus dem 2. Jh. zu bewundern, das immerhin 20 000 Zuschauer fasste.

■ ESSEN & TRINKEN

ALLE DUE CORTI

Slow-Food-Tipp: ein schlichtes, geschmackvolles Lokal mit sorgfältiger Traditionsküche und ausgezeichneter Weinauswahl. *So geschl. | Via Leonardo Prato 42 | Tel. 08 32 24 22 23 | www.alleduecorti.com | €€*

CORTE DEI PANDOLFI ▶▶

Steht für das neue Lecce: stylishes Lokal in alten Gemäuern mit guten Cocktails und leichter, phantasievoller Küche. *Mo geschl. | Piazzetta Orsini | Tel. 08 32 33 23 09 | www.cortedeipandolfi.com | €€ – €€€*

I LATINI

Unter Kreuzgewölben oder an den paar Tischen draußen vor der Tür gibt es in dieser gemütlichen, rustikalen Trattoria jede Menge leckere Vorspeisen, hausgemachte Pasta, Grillfleisch. *Tgl. | Via Palmieri 46 | Tel. 08 32 24 41 11 | www.ilatini.it | € – €€*

■ EINKAUFEN

In der Altstadt finden Sie schicke Boutiquen, Geschäfte mit Keramik, Spitzenwäsche, Skulpturen und Schalen aus dem weichen Lecceser Tuffstein oder auch die für Lecce typischen Figuren aus *cartapesta* (Pappmaché), z. B. im Werkstattladen *Laboratorio Tracce (Corte dei Romiti 8 | www.laboratoriotracce.it).* Stilvolles zeitgenössisches Kunsthandwerk offeriert *Artefare (Via Vittorio Emanuele II 14 | www.artefare.it).*

■ AM ABEND

Lecce hat eine lebendige Musik-, Aperitif- und Winebar-Szene in der Altstadt. Eines der besten Avantgardetheater Süditaliens ist ▶▶ *Cantieri Teatrali Koreja (Via G. Dorso 70 | www.teatrokoreja.com).*

■ ÜBERNACHTEN

Lecce ist die Hochburg charmanter B & B-Unterkünfte, viele malerisch in der Altstadt, eine ganze Reihe mit Wi-Fi ausgerüstet. Infos bei *Abitalecce (Via dei Mocenigo 12 | Tel. 08 32 27 91 95 | www.abitalecce.it)* sowie auch unter *www.BBPlanet.it, www.bnblecce.it, www.albergodiffusolecce.com;* sonstige Unterkünfte: *www.salentodolcevita.com*

L'ARANCETO

Vier charmante B & B-Zimmer in elegantem Altstadtpalazzo, Frühstück im Garten unter Orangenbäumen. *Corte dei Carretti 7 | Tel. 08 32 27 77 36 | www.aranceto.net | €*

RISORGIMENTO RESORT ▶▶ 📶

Apulien wird immer schicker, wie dieses neue, stylishe Komforthotel in der Altstadt beweist, mit Spa und feinen Restaurants. *47 Zi. | Via Augusto Imperatore 19 | Tel. 08 32 24 63 11 | www.vestas-hotels-lecce.com/risorgimento | €€€*

◼ AUSKUNFT ◼◼◼◼◼◼◼◼

Informazione Turistica | Via Vittorio Emanuele 24 | Tel. 08 32 24 80 92 | Fax 08 32 33 24 63.

◼ ZIELE IN DER UMGEBUNG ◼

ACAIA [117 E3]

13 km östlich gen Küste durch menschenleere Landschaft stoßen Sie auf dieses Kastelldorf mit einer interessanten Befestigungsanlage aus der Renaissance. In der gemütlichen Trattoria *Nonno Pici* gibt es für den Salento typische Gerichte aus Pferdefleisch *(Mo geschl. | Via del Fossato | Tel. 08 32 86 10 07 | www.nonno pici.it | €).*

LA CUTURA [117 F5] Inside Tipp

So heißt, 35 km südlich, ein einzigartiges Gartenparadies aus einer spektakulären Sukkulentensammlung, Kräutergarten und italienischem Garten, dazu ein Café und das zauberhafte Restaurant *Déjeuner sur l'Herbe (nur abends).* Juni/Juli tgl. 10–13, 16–21, Aug. tgl. 17.30–21 Uhr | sonst: www.lacutura.it oder Tel. 08 36 35 41 64 | Giuggianello, zwischen Poggiardo und Maglie

SANTA MARIA DI CERRATE [117 E3]

Im einsamen, heißen Bauernland aus Wein- und Tabakfeldern, 15 km nördlich von Lecce, liegt diese große mittelalterliche Abtei, im 12. Jh. von

Die Altstadt von Otranto mit ihren gepflegten Gassen lädt zum Bummeln ein

Basilianermönchen gegründet. Ein gut erhaltener Komplex in stimmungsvoller Romanik. In der alten Ölmühle der Abtei ist ein sehenswertes Brauchtumsmuseum untergebracht, das *Museo delle Arti e delle Tradizioni Popolari (Di–So 9–13.30 und 14.30–19.30 Uhr)*.

STRÄNDE [117 E3]

Der Hausstrand von Lecce ist *San Cataldo,* eine wuchernde Feriensiedlung am langen Sandstrand. In der kurzen Hochsaison brummt hier das Leben. Dann fahren auch Busse täglich in den südlichen, lebhaften Badeort *Torre dell'Orso* mit schöner Sandbucht. Feine Sandstrände finden Sie auch gen Norden bei *Torre Chianca.*

OTRANTO

[117 F4] ★ Leicht erhöht liegt die gepflegte und noch intakte Altstadt von Otranto an ihrer natürlichen Bucht mit dem einstigen Fischer-, nun aber vor allem Yachthafen. Ein malerisches Stadtbild, kompakt eingefasst von einer breiten Befestigungsmauer, wobei sich hinter den hellen Häuserfassaden so manche schicke Ferienwohnung verbirgt. Überhaupt – diese Ecke hier unten mit der aufregend schönen Küste Richtung *Santa Maria di Léuca,* dem hübschen Thermalort *Santa Cesarea Terme* ist längst Ziel eines exklusiven Tourismus geworden.

Zum Ortsbild von Otranto (5200 Ew.) gehört auch ein stattliches *Castello,* heute Schauplatz sommerlicher Kulturveranstaltungen. Die Befestigung der Stadt entstand unter arago-

nesischer Herrschaft als Reaktion auf die verheerende Türkenbesetzung 1480, bei der 800 Bürger von Otranto massakriert wurden, weil sie ihrem christlichen Glauben nicht abschwören wollten. Ihrer wird alljährlich mit einem großen Fest Mitte August gedacht. Die uralte Hafenstadt war früher ein derart bedeutendes Handelszentrum, dass der ganze Salento nach ihr benannt wurde: *Terra d'Otranto.*

■ SEHENSWERTES ■

CATTEDRALE SANTA MARIA ANNUNZIATA

Trotz der Ergänzungen des 15. und 16. Jhs. – wie die prachtvolle spätgotische Rosette und das Barockportal der Fassade – bildet die Kathedrale ein besonders eindrucksvolles Beispiel apulischer Romanik (1080). Geradezu weltberühmt ist jedoch der ★ Mosaikfußboden von *Santa Maria Annunziata* aus Millionen von bunten Kalksteinchen, wohl Werk des Basilianermönchs Pantaleonis. In zweijähriger Arbeit (1163–65) schuf er ein riesiges Geflecht aus Bibelgeschichten, allegorischen und mythologischen Szenen, die die mittelalterliche Geisteswelt widerspiegeln. Die *Cappella dei Martiri* (1701) rechts der Apsis hütet die Gebeine der von den Türken getöteten Christen Otrantos.

SAN PIETRO

Unweit der Kathedrale steht Otrantos älteste Kirche, ein interessantes Beispiel einer byzantinischen Kreuzkuppelkirche mit originalen Wandmalereien im Innern. *Juni–Aug. 9–12.30, 15–18.30 Uhr | sonst in der Kathedrale um Öffnung bitten*

ESSEN & TRINKEN

DA SERGIO

In der Altstadt kleines, feines Lokal, mit wunderbaren Fischvorspeisen. Hübsch sitzt es sich auch an den Tischen vor der Tür. *Mi geschl. | Corso Garibaldi 9 | Tel. 08 36 80 14 08 | €€–€€€*

ZIA FERNANDA

Sympathische Trattoria nahe der Piazza De Donno, der Verbindung zwischen Alt- und Neustadt. Neben gutem Fisch auch Landküche mit viel Gemüse. *Mo geschl. | Via XXV Aprile | Tel. 08 36 80 18 84 | €*

ÜBERNACHTEN

HOTEL ALBANIA ☘

Lichtes, modernes Haus mit Meerblick. Die schmackhafte Fischküche lohnt Halbpension. *Ganzjährig | 29 Zi. | Via San Francesco di Paola 10 | Tel. 08 36 80 18 77 | Fax 08 36 80 11 83 | www.hotelalbania.com | €€*

MASSERIA PANAREO ☘

Der Blick von dieser schönen Masseria schweift über die weit geschwungene Landschaft bis aufs Meer und den obligaten Küstenturm, mit Pool und exzellentem Restaurant. *17 Zi. | Litoranea Otranto-Santa Cesarea Terme | Tel./Fax 08 36 81 29 99 | www.masseriapanareo.com | €–€€*

AM ABEND

Die Altstadt ist im Sommer das abendliche Bummelziel der Terra d'Otranto. Im Castello finden in der Sommersaison viele Konzerte statt. Die Beachpartys sind an den langen Sandstränden von Alimini im Norden Otrantos zu finden.

AUSKUNFT

Informazioni Turistiche | Piazza Castello | Tel. 08 36 80 14 36 | www.comune.otranto.le.it

ZIELE IN DER UMGEBUNG

KÜSTE GEN NORDEN   [117 F4]

Jenseits des Hausstrands von Otranto kommt man an die *Laghi di Alimini* mit langen Sandstränden im Schatten von Pinien wie die *Baia dei Turchi* – in der Hochsaison voller Strandbäder mit Sport, Kinderspielen, Cocktails, abendlichen Partys, den Rest des Jahres ein ruhiges Naturparadies. Bei *Torre Roca* bzw. *Roca Vecchia* steigen die Felsen für die Klippenspringer an.

KÜSTE GEN SÜDEN   [117 F5–6]

Die felsige, mal steil ansteigende, mal zu Felsterrassen abfallende und oft krustig ausgefranste ★ Küste südlich von Otranto Richtung *Capo Santa Maria di Léuca* mit ihrem sauberen Meerwasser und dem kargen, von Macchia aufgelockerten Hinterland gehört zum Schönsten, was Italiens Küste zu bieten hat. Ins Wasser gelangt man über Klippenterrassen oder in den Fels geschnittene Fjorde, etwa an der hübschen kleinen Badebucht *Porto Badisco*, bei den Felsbecken von *Santa Cesarea Terme*, über die Felsplatten bei *Castro Marina*. In Castro, Marina di Marittima, Tricase Porto und den entsprechenden Dörfern im Landesinnern wie *Spongano, Diso, Marittima, Tricase* und *Specchia* trifft sich die italienische „Apulien-Fraktion": dank beschaulicher Ortskerne, Kulturinitiativen, netter B & B-Unterkünfte (z. B. in Marittima: 6 Zi. in altem Palazzo,

Inside Tip

www.trappitudeisettimi.it | €) und guter Restaurants. Bei *Castro Marina* öffnen sich die berühmten Grotten *Romanelli* (prähistorische Behausung) und *Zinzulusa* (Tropfsteinhöhle). Letztere darf man begehen *(tgl. 10–18 Uhr geführte Touren).*

SANTA CESAREA TERME   [117 F5]

Auf den zerklüfteten Felsklippen ca. 15 km südlich von Otranto breitet sich direkt über der Felsküste dieser

SANTA MARIA DI LÉUCA   [117 E–F6]

Hier am *capo,* einem hohen Kalkfelsen mit Leuchtturm am südlichsten Zipfel des italienischen Stiefels, treffen sich das Ionische und das Adriatische Meer – auch *finis terrae* (Ende der Welt) genannt, kein schlechtes Reiseziel. Santa Maria di Léuca ist wegen seiner gewaltigen gleichnamigen Wallfahrtskirche hoch über der Küste ein beliebtes Pilgerziel. Umliegend finden Sie in Küstenorten wie

Wo die Welt zu Ende ist: am *capo* von Santa Maria di Léuca

alteingessene Thermalort mit seinen Villen voller Flair aus. Neben seinen schwefel-, brom- und jodhaltigen Quellen bietet er auch ein umfangreiches Beauty- und Antistress-Programm an *(Infos: Via Roma 209 | Tel. 08 36 94 40 43 | www.termesantacesarea.it).*

Marina di Léuca oder *Gagliano del Capo* Hotels, Ferienhäuser, Yachthäfen, Badefreuden und eine ganze Reihe stilvoller Sommervillen aus den Anfängen des 20. Jhs. Ein Muss ist der Bootsausflug zu den vielen Meeresgrotten ums Kap, der von allen Häfen aus angeboten wird.

> SCHLUCHTEN UND OLIVEN-PLANTAGEN

In der wilden, karstigen Landschaft des Südens

Die Touren sind auf dem hinteren Umschlag und im Reiseatlas grün markiert

1 IN DIE GROTTEN: VON GRAVINA IN PUGLIA NACH MASSAFRA

Die Hügel der Murge, die südlich des flachen Tavoliere um Foggia beginnen und sich bis hinunter in den Salento ziehen, sind unter der von Steinen durchsetzten Humusoberfläche karstig und porös. *Lame* oder *gravine* nennen sich die tiefen Einschnitte, deren Steilwände von Grotten aufgebrochen sind. Hier haben die Menschen einst Zuflucht gesucht, richteten

Gebetsstätten ein oder bauten sogar eine ganze Stadt in die Felswand wie jene berühmten Sassi di Matera. Die ca. 100 km lange Tour – mit Übernachtung in Matera – beginnt mit dem Städtchen Gravina in Puglia, verläuft über Altamura hinunter nach Matera, das schon einen Zipfel tief in der Nachbarregion Basilikata liegt, und endet in Mottola und Massafra im tarentinischen Hinterland.

Von Gravina in Puglia *(S. 57)* geht es 12 km weiter östlich nach Altamura

Bild: Blick auf Matera

AUSFLÜGE
& TOUREN

(S. 49), dessen Kathedrale der einzige von Friedrich II. initiierte Sakralbau in Apulien ist. Das sehenswerte **Museo Archeologico** (Mo–Fr 8.30–19.30, Sa/So 8.30–13.30 Uhr) zeigt eine spannende Rekonstruktion prähistorischer Besiedlung und die Spuren von Dinosauriern.

⭐ Ein einmaliges Beispiel für eine ganze Stadt aus in Felsen gegrabenen Häusern und Wohnungen sind die **Sassi di Matera** der 17 km entfernten Stadt **Matera** (57 000 Ew.). In den 1950/60er-Jahren als unzumutbares Armenviertel zwangsevakuiert, stehen sie heute unter Unesco-Schutz, und viele Häuser werden schick renoviert und wieder bewohnt, z. B. als stimmungsvolles *Hotel Sant'Angelo* [Insider Tipp] *(16 Zi. | Piazza San Pietro Caveoso | Tel. 08 35 31 40 10 | Fax 08 35 31 47 35 | www.hotelsantangelosassi.it | €€).*

Die nächsten Etappenziele liegen wieder in Apulien: **Ginosa** und **Laterza**

(12 bzw. 10 km südöstlich von Matera), zwei Ortschaften, die beide ebenfalls über zwei tiefen Gravine siedeln, so auch das 14 km weiter östlich liegende Castellaneta. Zu den Hauptattraktionen dieser Reise in die Unterwelt zählen die beiden letzten, ca. 23 km östlich gelegenen Ziele Mottola (S. 73) und Massafra (S. 72).

2 ÜBER DEN TAVOLIERE IN DEN NORDWESTLICHEN APENNIN

Gerade in der Gegend des Tavoliere um Foggia und der ersten Anhöhen hinauf in den nordwestlichen Apennin gedeihen einige Olivensorten, aus denen besonders feine Olivenöle gewonnen werden, die sich die Qualitätsbezeichnung *Olio extravergine d'oliva Dop Dauno* verdient haben. Das Öl können Sie bei ausgeschilderten Produzentenhöfen oder in den lokalen Supermärkten erstehen. Zudem liegen die vielfach mit Wald überzogenen Höhen des daunischen Apennin mit seinen sympathischen Kastelldörfern abseits der Touristenpfade. Ein Grund mehr, sie zu erkunden. Veranschlagen Sie für diese Genießertour von ca. 230 km ca. 2 Tage.

Die Route beginnt im Süden von Foggia in Cerignola, einem unspektakulären Städtchen, dafür gibt es hier die Bella di Cerignola, eine riesige, in Marinade eingelegte grüne Olive, knackig und fleischig und bestens als Aperitifbeilage geeignet.

Die nächsten beiden Ortschaften liegen in den bewaldeten Hügeln des Vorapennin. Zunächst erreichen Sie nach 34 km über Landstraßen Richtung Westen das sympathische Ascoli Satriano mit romanisch-barocker Kathedrale und einem stattlichen Kastell. Dörfer mit Burgen aus normannischer und staufischer Zeit sind auch ☀ Sant'Agata di Puglia, auf dessen immerhin 800 m Höhe Sie sich auf einer schönen Serpentinentour hinaufschrauben müssen, sowie das 28 km entfernte Deliceto und vor al-

Ehemals bewohnte Grottenbehausungen in der Gravina von Massafra

lem das uralte **Bovino** mit einer Stauferfestung nach weiteren 10 km. Weiter geht es in die 25 km entfernte Ortschaft **Orsara di Puglia**. Dort sollten Sie sich die wunderbare Slow-Food-Küche des *Ristorante Peppe Zullo* nicht entgehen lassen *(abends und Di geschl. | Via Piano Paradiso | Tel. 08 81 96 47 63 | €€; auch 5 Suiten | www.peppezullo.it)*.

Es folgen die bekannten Städte am Tavoliere, **Troia** *(S. 33)* mit seiner berühmten Fensterrosette nach 15 km und **Lucera** *(S. 32)* nach weiteren 17 km. Dann geht es wieder in die Hügel gen Westen hinauf: zu hübsch zwischen Wäldern und Weiden gelegenen, uralten Dörfern wie **Motta Montecorvino**, **Volturara Appula** und vor allem **Pietramontecorvino** (von Lucera direkt 20 km, über die Berge 50–60 km) mit seinem pittoresken Altstadtviertel um das Kastell und einer sehenswerten **Chiesa Matrice**. 30 km weiter erreichen Sie in der Ebene inmitten von Getreide-, Wein- und Olivenanbau den Ort **Torremaggiore** und nach 8 km das Weinstädtchen **San Severo** (8 km) mit einem recht gemütlichen, alten Zentrum.

3 PER RAD DURCH WIESEN UND OLIVENHAINE VON LECCE ANS MEER

Das flache Bauernland des Salento lädt zum Radfahren ein. Die hier beschriebene Radtour (vor Ort bezeichnet als Radroute Nr. 3) führt 36 km lang von Lecce in die Dörfer des Hinterlands – so nach Vanze, Acaia und Vernole – und schließlich bei Roca Vecchia ans Meer. Vergessen Sie also nicht Ihr Badezeug. Im Touristenbüro von Lecce erhalten Sie neben Infos für Radfahrer auch Kartenmaterial (Infos unter *www.salentonline.it,* nur auf Italienisch).

Parallel zur Schnellstraße, die von Lecce an die Küste nach San Cataldo führt, verläuft eine wesentlich stillere Asphaltstraße, an deren Ende Sie rechts abbiegen und durch einen Pinienwald in die naturgeschützte, besonders artenreiche Landschaft der **Cesine** gelangen. Weiter geht es auf kleinen Landstraßen wieder landeinwärts ins Dorf **Vanze** und von dort ins befestigte Landstädtchen **Acaia** *(S. 84)*. Den neuen Radroutenschildern folgend, fahren Sie nun Richtung Merine durch das Gebiet des schönen Gutshofes **Masseria Visciglito** und damit durch den ältesten Olivenhain Europas! An die 2000 Jahre sind manche dieser knorrigen Baumskulpturen alt. Sie erreichen dann das Dorf **Struda** mit seinen Bauten aus dem Mittelalter und dem 16. Jh.

Es folgt das Dorf **Pisignano** und die größere Landgemeinde **Vernole** mit einem sehenswerten alten Ortskern. Unterhalb der Piazza Vittorio Veneto können Sie eine unterirdische Ölmühle (frantoio ipogeo Caffa) von 1500 besichtigen. Das folgende Ziel ist **Acquarica** mit den Resten eines Kastells (16. Jh.).

Weiter geht es gen **Melendugno**, hier am Friedhof vorbei (mit sehenswerter Kapelle und Kloster) erreichen Sie das Feuchtgebiet von **Cassano**. Mediterrane Macchia macht sich breit, das Meer ist nicht mehr weit. Schließlich radeln Sie am besonders eindrucksvollen Gutshof **Masseria Incioli** vorbei, und bald schon sind Sie an Ihrem Endziel, dem Badeort **Roca Vecchia**, wo Sie zur Erfrischung in die Fluten springen können.

EIN TAG IM SALENTO

Action pur und einmalige Erlebnisse.
Gehen Sie auf Tour mit unserem Szene-Scout

DER TAG BEGINNT SÜSS

8:00

Frühstücken wie die Italiener: an der Theke im Stehen! In der *Bar Gelateria Martinucci* einen Cappuccino bestellen. Dazu frisch gebackene Mürbteigküchlein, die mit Eiercreme gefüllt sind, probieren. *Pasticciotti* sind eine Spezialität in Gallipoli. Lecker! **WO?** *Corso Roma | 91 Gallipoli | Tel. 32 92 06 72 99*

8:30

KLIPPENSPRINGER

Badesachen einpacken und auf dem schnellsten Weg an die aufregende Felsküste von Santa Maria di Léuca fahren. Augen offen halten, denn die Küste ist ein beliebter Hotspot für Klippenspringer. Vor der Marina di Marittima in der kleinen Baia di Acquaviva heißt es anhalten, aussteigen und baden gehen. Wer will, kann hier selbst von den 6–8 m hohen Felsen springen. Ideal für Anfänger. Action und Fun sind garantiert! **WO?** *Marina di Marittima*

KANUTOUR

11:00

In Santa Cesarea Terme mietet man sich nun ein Paddelboot. Hiermit die Felsküste entlang bis zu den Grotten schippern. Eine aussuchen und hineinfahren. Spannend! **WO?** *Kanuvermietung bei Marea Diving | Via Fontanelle 28 | Santa Cesarea Terme | Tel. 34 06 92 81 55 | Kosten: 8 Euro/h | www.mareadiving.it*

13:30

FREMDE LÄNDER, FREMDE SPEISESITTEN

Es muss nicht immer Pasta sein! Wenn man etwas Typisches essen will, dann ist die *Trattoria Jolanda* im Dörfchen Lucugnano – 25 km landeinwärts von Castro – die richtige Mittagsadresse. Hier gibt es zum Beispiel Lamminnereien oder für weniger experimentierfreudige Gourmets: Lammkoteletts vom Grill. **WO?** *Via Montanara 2 | Tel. 083 3 78 41 64 | Mi geschl.*

24 h

VOGELFREI

16:00

Luft anhalten! Wenn die Falken ihre Schwingen ausbreiten und über einen hinwegsausen, wird es spannend. Beim Besuch in der Falkenfarm von Matteo D'Errico kommt man den Tieren extrem nahe. Keine Sorge, die Vögel werden absolut artgerecht gehalten und wer nett fragt, bekommt vom Falkner auch Infos zur Falkenaufzucht. *WO? Via Aldo Moro 21 | Aradeo | Tel. 32 85 92 65 93 | www.falconfarm.it*

18:30

ROSA PERLEN ALS SOUVENIR

Auf zur Roséprobe! Die Kellerei *Rosa del Golfo* ist einer der besten Rosé-Winzerbetriebe Apuliens. Wer hier nur die Kellerei besichtigt, lässt sich etwas entgehen. Unerlässlich: probieren, genießen und vielleicht auch ein Fläschchen als Souvenir mit nach Hause nehmen. *WO? Beim Dorf Alezio 6 km östlich von Gallipoli | Via Garibaldi 56 | Tel. 08 33 28 10 45 | Sa-Nachmittag und So geschl. | www.rosadelgolfo.com*

FRISCHES DINNER

21:00

Bitte Platz nehmen! In der rustikalen *Strandtrattoria Scapricciatiello* bekommt man das Beste, was das Meer zu bieten hat. Hier stimmt einfach alles! Wenn die Sonne versinkt und Fisch und Meeresfrüchte auf der Zunge zergehen, dann ist die Zeit reif für eine Liebeserklärung an die Region oder evtl. auch an den Partner. *WO? Lido Conchiglie | Santa Maria al Bagno | Tel. 08 33 20 86 01 | nur im Sommer*

23:00

NIGHTLIFE AM STRAND

Clubbing bedeutet Beachparty! Der Strand wird zur Tanzfläche, die Felsen zur Chill-out-Area! Im *Quattro Colonne* vor toller Kulisse bei Santa Maria al Bagno spielt der DJ bis zum nächsten Morgen, und die Partypeople werden nicht müde. *WO? 10 km nördlich von Gallipoli, unterhalb einer Küstenfestungsanlage aus vier Türmen*

> 800 KM KÜSTE UND SAUBERES MEER

Surfen, tauchen, schnorcheln, schwimmen – aber auch
Landratten kommen auf ihre Kosten

> Wenn Sie sich im Sommer auf den Weg bis hinunter in den vom Meer umspülten italienischen Stiefelabsatz machen, können Sie sich auf 800 km Küstenlänge freuen. Steilküsten, die ins Meer hinabfallen, Felsküsten, an denen man auf flachen Terrassen ins Meer steigt, kleine, geschützte Buchten oder Dünenlandschaften und ausgedehnte Sandstrände.

Am Gargano, an den Adriastränden von Torre Canne und Alimini sowie an den Stränden am Ionischen Meer wie Torre Vado, Torre San Giovanni und weiter an den Golf von Taranto mit Marina di Castellaneta und Marina di Ginosa bieten gut ausgestattete Feriendörfer und Campingplätze viele Sportaktivitäten wie Beachvolleyball, Surf- und Tauchkurse an. Und in den Yachthäfen kommen Segelliebhaber auf ihre Kosten. Wer nicht in einem Feriendorf wohnt, hat es etwas schwerer, an sportlichen Aktivitäten teilzunehmen. Zwar können

> *www.marcopolo.de/apulien*

SPORT & AKTIVITÄTEN

Surfbretter, Kanus oder Tretboote an allen größeren Stränden gemietet werden, aber so flächendeckend durchorganisiert wie etwa die obere Adriaküste darf man sich die Meerseite Apuliens nicht vorstellen.

Mieten Sie sich ein Paddel- oder Motorboot, um zu abgeschiedenen Badebuchten an den Steilküsten zu gelangen, oder schließen Sie sich organisierten Bootstouren zu den Buchten und Meeresgrotten an, die von den Häfen starten. Ein Zubrot verdienen sich die Fischer, indem sie Fischfangausflüge für Touristen anbieten, *pescaturismo* nennt sich das. Fragen Sie danach am Hafen oder in einer Touristenagentur. Empfehlung für alle Sportsfreunde: Von allen Regionen Apuliens bietet der Stiefelsporn Gargano mit seiner Küstenvielfalt, seinen gut organisierten Feriendörfern und dank der Tatsache, dass das Gebiet zu einem Naturpark erklärt worden ist, sicherlich die besten Sportmöglichkeiten.

GOLF

Längst ist auch Süditalien vom Golffieber gepackt. Es gibt eine ganze Reihe landschaftlich schöner Golfplätze, die meisten in Verbindung mit komfortablen Hotels. Infos unter *www.federgolf.it*

RADFAHREN

Eigens angelegte Radwege gibt es nicht, dafür aber viele kleine Landstraßen mit relativ geringem Verkehrsaufkommen, über die es sich einigermaßen sicher radeln lässt. Der Salento hat das Radfahren auf seine Fahne geschrieben: Auf der Webseite *www.salentonline.it/itinerariciclabili* finden sich 16 ausführlich (leider nur auf Italienisch) beschriebene Radtouren. Fragen Sie in den Fremdenverkehrsämtern nach Radlervereinen und Radverleiher, die es zahlreich gibt. Auch stellen Ihnen mittlerweile viele Landgasthöfe Räder zur Verfügung. In den Wäldern und auf den Anhöhen des Gargano benutzt man eher das Mountainbike, was Sie in vielen Campinganlagen längs der Küste ausleihen können. Mountainbiketouren organisiert *Garganobike* (Vieste | Ortsteil Defensola | Tel. 08 84 70 41 86 und 33 97 17 53 34 | Touren auch auf Deutsch unter www. garganobike.com).

REITEN

Reitställe sind spärlich gesät, doch immer öfter bieten Bauernhöfe mit *agriturismo* die Möglichkeit an, Ausflüge auf dem Pferderücken zu unternehmen. Das große, schwarze Murge-Pferd der Martina-Franca-Rasse eignet sich wegen seines gutmütigen Temperaments als geduldiges Reitpferd. Bei der Suche nach einem Ritt hoch zu Ross helfen Ihnen auch hier die Fremdenverkehrsämter weiter. Reiterhof: *Azienda Agricola Costella (18 Apts. | Contrada Costella | Vieste | Tel./Fax 08 84 70 16 36 | www.agri-costella.it).* Durch das Gebiet des Nationalparks auf dem Gargano zieht sich seit Neuem eine sogenannte *ippovia,* auf 480 km Länge miteinander verknüpfte Reiterwege *(www.parcogargano.it).*

SURFEN & KITEN

An vielen Küstenabschnitten, vor allem dort, wo das Meer über flache Sandstrände leicht zugänglich ist, können Sie surfen bzw. kiten. Der beste Flecken für passionierte Windsurfer findet sich zwischen Vieste und Peschici. Surferparadiese sind hier die Strände *Santa Maria di Merino* mit der *Spiaggia Lunga, Capo Vieste, Punta Lunga.* Entsprechend gut sind sie mit Surfcentern ausgestattet, die Kurse und Ausrüstung anbieten. Surfkurse und genaue Infos zu den Spots und ihren Winden auch auf Deutsch unter: *www.surfcon cept.it.* Deutschsprachige Surf- und Kitecenter *(www.garganosurf.com)* finden sich an der *Spiaggia Lunga (www.calazzurra.com)* sowie an der Strandbucht gegenüber der Felsinsel *La Chianca (www.isolalachianca. com).* Ein beliebter Surfspot bei Otranto sind die Strände von *Alimini.*

TAUCHEN

⭐ Für Taucher und Schnorchler ist Apulien ein wahres Dorado. Man tut gut daran, sich an örtliche Tauchzentren zu wenden, dort werden Tauchausrüstungen verliehen, geführte Tauchausflüge und Tauchkurse angeboten. Ein Höhepunkt der apulischen Meereswelt sind die faszinierenden Unterwassergrotten, die Sie am besten mit ortskundigen Tauchführern ausfindig machen. Tolle Tauchgründe tun sich auf an der äußersten Spitze auf, bei *Santa Maria di Léuca (Tauchzentrum Diving Service | Morciano di Léuca | Tel. 08 33 74 36 85 | www.divingservice.it)* und bei *Porto Cesareo (Costa del Sud | Santa Caterina di Nardò | Handy 33 55 27 38 23 | www.costadelsud.it)*, doch das absolute Tauchparadies bilden die unter Tauchfreaks in ganz Italien berühmten Gründe um die *Tremiti-Inseln* mit schillernder Unterwasserfauna und bizarren Felsformationen. Wenden Sie sich an das *Diving Center Marlin Tremiti (beim Hotel Eden | Isola di San Domenico | Tel. 08 82 46 37 65 | Handy 336 82 97 46).*

◼ WANDERN ◼

Auch das Wandern fasst buchstäblich immer mehr Fuß, die beliebtesten Gebiete sind der ==Gargano – mit wunderbar schattigen Picknickplätzen –== und der Salento. Markierungen von Wanderwegen wird man kaum finden, wohl aber Karten mit Wandervorschlägen sowie organisierte Wandertouren. Für den Gargano kann man sich an *Ecogargano* wenden *(im Sitz der Verwaltung des Nationalparks Gargano in Monte Sant'Angelo | Via S. Antonio Abate 121 | Tel. 08 84 56 54 44 | www.ecogargano.it, www.parcogargano.it)* und für den Salento an *Trekking Salento* in Lecce *(Viale Gallipoli 18 | Tel. 08 32 30 56 78 | www.trekkingsalento.com).*

Insider Tipp

Taucher erwartet eine phantastische Unterwasserwelt rund um die Tremiti-Insel

> SONNE, STRAND UND TOLLE AUSFLUGSZIELE

Auf Wildtiersafari und in geheimnisvollen Grotten

> Wer mit Kindern nach Apulien reist, legt es sicherlich vor allem auf Badeferien an, auf weitläufige Sandstrände mit seichtem Meerzugang mit Sport- und Spielmöglichkeiten. Die schönsten Sandstrände finden sich vor allem längs der Nordküste des Gargano, an der in saftiger, mediterraner Natur gelegene Campingplätze und Bungalowdörfer auf Familien und Jugendliche warten. In den Sommermonaten ist vor allem in den *villaggi turistici* für Spielanimation gesorgt.

Weitere schöne und kinderfreundliche Sandstrände finden Sie am Stiefelabsatz des Salento, und zwar nördlich von Otranto an der Adria bis Torre dell'Orso oder am Ionischen Meer gleich südlich von Gallipoli die Baia Verde. Die Marina San Giovanni auf halber Strecke Richtung Santa Maria di Léuca ist für ihre familienfreundlichen Feriendörfer in schattiger Vegetation am weiten, feinsandigen Strand bekannt. Hier

> *www.marcopolo.de/apulien*

MIT KINDERN REISEN

liegt etwa der besonders kinderorientierte Robinson Club Apulia. Sanft abfallende Sandstrände führen bei Marina di Pescoluse ins seichte, klare Meer. Familienfreundliche Ferienorte nördlich von Gallipoli mit entsprechender Infrastruktur sind Santa Maria al Bagno, die feinen Sandstrände nördlich von Porto Cesareo und vor allem die für ihre Qualität ausgezeichneten Strände (Castellaneta und Ginosa) am Golf von Taranto.

Sind Sie strandmüde, können Sie mit Ihren Kindern Bootstouren zu den vielen, in die Felsküsten eingehöhlten Grotten mit ihren smaragdgrünen Lichtreflexen unternehmen. Sie starten am Gargano von Vieste und Peschici aus sowie entlang der Felsküste südlich Otranto bis zur äußersten Spitze Italiens am Kap von Santa Maria di Léuca. Den aufregendsten Grottenausflug bildet sicherlich das Tropfsteinhöhlenlabyrinth von Castellana Grotte sowie die Höhlensiedlungen der Sassi di Matera.

DER GARGANO

ACQUAPARK IPPOCAMPO [113 D4]

In diesem Spaßbad nahe Manfredonia verteilen sich auf 25 000 m² Fläche eine ganze Reihe Riesenrutschen, hinzu kommen Animation, Clownerien, Musik und Tanz zu DJ-Musik, etwas für Kinder und junge Leute. *Juni–Sept. tgl. ab 9 Uhr | Erw. 12 Euro, Kinder bis 9 Jahren 9 Euro | an der SS 159 zwischen Manfredonia und Margherita di Savoia | www.ippocampo.it*

BARI UND DAS UMLAND

HÖHLENMUSEEN IN MATERA [114 C5]

Spannend ist ein Ausflug nach Matera mit dem Auf und Ab der Gassen an den steilen Felswänden, in die die Häuser und Grottenwohnungen gebaut sind. Zwei liebevoll ausgerichtete Höhlenmuseen zeigen zudem, wie die Menschen noch vor nicht langer Zeit in der Grottenstadt lebten, was für Handwerkskünsten sie hier nachgingen, wie ihre Tiere lebten: *Museo Laboratorio della Civiltà Contadina (Mo–Fr 10–13, 16–20 Uhr | Eintritt 2 Euro | Via San Giovanni Vecchio 60 | www.museolaboratorio.it)* und die typische Höhlenwohnung *Casa Grotta (San Pietro Caveoso | Eintritt 1,50 Euro | www.casagrotta.it).*

Insider Tipp

IM LAND DER TRULLI

CASTELLANA GROTTE ★ [115 E4]

Kaum hat man sich hineingetraut in diese magische Unterwelt, in das größte Tropfsteinhöhlenlabyrinth Ita-

liens, da geht es hinab in die Schlucht mit der riesigen Zyklopengruppe. Milliarden von mit Kalkpulver angereicherten Wassertropfen haben diese 100 m langen und 50 m breiten Ungeheuer geformt. In immer weitere Höhlen mit den phantastischsten Gebilden geht es. Wer die lange, zweistündige Tour mitmacht, die in der schönsten, der Weißen Grotte *(grotta bianca)* mit feinsten Kristallgebilden endet, durchläuft zuvor den Roten Korridor, *corridoio rosso.* Wie schimmernder Samt hängen von rotem Eisen durchzogene Alabastervorhänge von der Decke. Doch es ist kühl, daher warm anziehen und rutschfeste Schuhe tragen! *Tgl. jede Stunde geführte Touren: 9.30–17.30, auf Deutsch 9.30, 13 Uhr, mit Weißer Grotte 9–17 Uhr, auf Deutsch 11, 15 Uhr; Nov.–Mitte März tgl. 9.30 bis 12.30, mit Weißer Grotte 10–12 Uhr | normale Tour Erw. 8 Euro (mit weißer Grotte 13 Euro), Kinder 6–14 Jahre 6,50 Euro (mit Weißer Grotte 10,50 Euro), bis 6 Jahre gratis | www.grottedicastellana.it*

PARCO DEI DINOSAURI [115 E4]

Der vielleicht größte, mindestens 10 m hohe und 18 m lange *Brachiosaurus* ist die Attraktion. Viel kleiner, nur etwa 3 m lang, ist der *Coelophysis*, der vor sage und schreibe 225 Mio. Jahren lebte und damit wohl der älteste Dinosaurier überhaupt ist. All diese urzeitlichen Erdenbewohner und viele mehr (insgesamt etwa 20) können Sie in Originalgröße in Kunstharz gegossen im Dinosaurierpark bei Castellana Grotte bestaunen. Auch die landschaftliche Umgebung wurde so nachgestaltet, wie sie in grauer Vorzeit ausgesehen haben mag. *März–Okt. tgl. 9 Uhr bis Sonnenuntergang | 5,50 Euro, Kinder bis 5 Jahre gratis | an der SS 634 nach Conversano*

ZOOSAFARI [115 F4]

Für den größten Safarizoo Süditaliens müssen Sie einen dicken Geldbeutel mitbringen. Denn neben einer Autotour durch das Safarigelände, in dem jede Menge frei lebende Tiere zu sehen sind – darunter auch Löwen, Giraffen und Kängurus – gibt es auch eine Delphinshow, den Freizeitpark *Fasanolandia* mit Looping-, Achterbahn- und Wasserspaßattraktionen (Badeanzug mitnehmen!) und natürlich Snackbars und Souvenirläden. Die Delphinshow *(8 Euro)* und die Attraktionen von Fasanolandia *(pro Fahrt 2 Euro)* müssen extra bezahlt werden. *April–Okt. tgl. 9.30–17, Aug. bis 18.30, im Winter Sa/So 10–15.30 Uhr | Zoosafari und Fasanolandia 15 Euro, nur Fasanolandia 8 Euro inkl. 6 Benutzungen der Attraktionen, Kinder unter 4 Jahren gratis | Fasano | Via Zoosafari | www.zoosafari.it*

DER SALENTO

WASSERPARK SPLASH [117 D4–5]

Das größte Funbad Apuliens, Wasserpark mit Attraktionen wie Riesenrutschen, Kamikaze, Mini-Kart-Piste, Wasserskooter und Riesenwellen liegt nördlich von Gallipoli an der Küstenstraße bei Santa Maria al Bagno/Rivabella und ist weithin ausgeschildert. *Mitte Juni–Mitte Sept. tgl. 10–19 Uhr | Eintritt 10 Euro (Aug. 15 Euro), Kinder bis 1 m Höhe gratis | www.splashparco.it*

Begegnungen mit Löwen am Wegesrand sind auf dem großen Gelände von Zoosafari nicht selten

> VON ANREISE BIS ZOLL

Urlaub von Anfang bis Ende: die wichtigsten Adressen und Informationen für Ihre Apulienreise

ANREISE

AUTO

Die Autobahnen aus dem Norden treffen sich in Bologna, von hier geht es auf die A 14 über Ancona nach Bari (vom Brenner bis Bari 1040 km). In der Schweiz, in Österreich und in Italien sind die Autobahnen mautpflichtig. Infos zum Verladen des Autos auf die Bahn: *www.dbautozug.de*

BAHN

Alle Bahnverbindungen aus dem Norden treffen sich in Bologna. Von hier geht es an der Adria entlang nach Bari (ca. 7 Std.). In der Sommersaison rechtzeitig reservieren! Infos über inneritalienische Bahnverbindungen: *www.ferroviedellostato.com*

FLUGZEUG

Im Sommer gehen Charterflüge nach Bari und Brindisi, sonst tägliche Linienflüge (meist in Mailand umsteigen). Preiswerte Flüge bietet Tuifly nach Bari und Brindisi an *(www.tuifly.com)*. Auch Airberlin fliegt nach Brindisi *(www.airberlin.com)*.

AUSKUNFT

STAATLICHES ITALIENISCHES FREMDENVERKEHRSAMT ENIT
– *Neue Mainzer Straße 26 | 60311 Frankfurt/M. | Tel. 069/23 74 34 | Fax 23 28 94*

PRAKTISCHE HINWEISE

– *Kärntnerring 4 | 1010 Wien | Tel. 01/505 16 39 | Fax 505 02 48*
– *Uraniastr. 32 | 8001 Zürich | Tel. 043/466 40 40 | Fax 466 40 41*
– *www.enit.it*
In vielen Orten informieren ganzjährig die *Informazioni Turistiche, Pro Loco* und *Agenzie Turistiche.*

AUTO

Vorgeschrieben sind auch tagsüber Abblendlicht und das Mitführen einer Warnweste. Die Promillegrenze liegt bei 0,5. Die Höchstgeschwindigkeit innerorts beträgt 50 km/h, auf Landstraßen 90 km/h, auf Schnellstraßen 110 km/h, auf Autobahnen 130 km/h. Tankstellen außerhalb der Autobahn sind mittags und sonntags geschlossen, aber mit Automaten versehen.

BANKEN & KREDITKARTEN

Die Banken sind in den größeren Ortschaften meist Mo–Fr 8.20 bis 13.20 und 14.45–15.45 Uhr geöffnet. Am praktischsten sind Geldautomaten (für EC- und Kreditkarten). Weit verbreitet sind Kreditkarten zum Bezahlen in besseren Restaurants, Hotels und Geschäften.

DIPLOMATISCHE VERTRETUNGEN

DEUTSCHES GENERALKONSULAT
Via Crispi 69 | 80121 Neapel | Tel. 08 12 48 85-11 | Fax 08 17 61 46 87 | www.neapel.diplo.de

ÖSTERREICHISCHES HONORARKONSULAT
Via Bruno Buozzi 88 | 70123 Bari | Tel. 08 05 62 61 11 | Fax 08 05 62 66 00 | www.bmeia.gv.at

SCHWEIZER KONSULAT
Piazza Luigi di Savoia 41/a | 70121 Bari | Tel. 08 05 24 96 97 | www.eda. admin.ch

INTERNET

Informative Internetauftritte zu Italien bzw. Süditalien:

Reise-, Landeskunde- und Kulturinformationen zu Italien: *www.ratgeber-italien.de;* jede Menge Reiseinfos und Buchungstipps zu Süditalien *(it./engl./dt.): www.esperia.de;* Infos speziell zu Apulien: *www.pugliaturismo.com;* das offizielle Tourismusportal der Region Apulien: *www. viaggiareinpuglia.it;* gute Website mit jeder Art von Unterkünften in Apulien (auch auf Deutsch): *www. pugliabooking.it;* gutes Portal (auch auf Deutsch) mit ausgesuchten Unterkünften in Hotels, Feriendörfern, auf Bauernhöfen auf dem Gargano: *www.garganissimo.com;* wunderschöne Unterkünfte bei Ostuni: *www. villen-apulien.de;* Ferien auf Masserien: *http://masserien.de;* schöne Ferienhäuser in den Dörfern des Salento: *www.salentohomes.it;* Hotels und Ferienwohnungen in Apulien: *www.apulien-reisen.de;* ausgesuchte Unterkünfte in Süditalien: *www.non solocasa.de;* eine Auswahl von Bauernhöfen: *www.agriturismo.com;* für die Suche nach Campingplätzen (auch auf Deutsch): *www.campeggi.com;* Vermittlung von Ferienwohnungen auf dem Gargano: *www.vieste.de;* Ausflüge und Veranstaltungen im Nationalpark des Gargano (nur auf Italienisch): *www.parcogargano.it;* Jugendherbergen: *www.ostellionline.org;* Wettervorhersage: *www.tempoitalia.it*

■ INTERNETCAFÉS & WLAN ■

Internetcafés gibt es in den größeren Städten, vereinzelt auch in kleineren (2–6 Euro/Std.). Öffentliche WLAN-Zonen (Wi-Fi) sind noch kaum verbreitet in Apulien. Wohl aber haben die meisten größeren Hotels und auch das eine oder andere Feriendorf drahtlose Wi-Fi-Zonen zumindest im Lobby- und Barbereich. Manche bieten diesen Service gratis an, die meisten lassen sich das Passwort be-

zahlen. Wi-Fi gibt es auf dem Flughafen und auf dem Messegelände von Bari. Auf der Website *wifi.gratis.it/hotspot_puglia.html* finden Sie Hotspots in Hotels, Bars, Einkaufszentren und vor allem zahlreiche Fon-Spots.

■ MIETFAHRZEUGE ■

Autos können Sie an Flughäfen, den Bahnhöfen der großen Städte sowie in größeren Urlaubszentren mieten. Ein Mittelklassewagen kostet übers Wochenende 130–160 Euro, für eine Woche 330–360 Euro. Buchungen vor Reiseantritt sind oft günstiger. In manchen Ferienorten können Sie auch Vespas mieten.

■ NOTRUFE ■

Notrufe *(Pronto Soccorso)* von jedem öffentlichen Telefon:
– Feuerwehr *(Vigili del Fuoco) 115*
– Polizei *113,* Carabinieri *112*

WETTER IN BARI

	Jan.	Feb.	März	April	Mai	Juni	Juli	Aug.	Sept.	Okt.	Nov.	Dez.
	11	12	14	18	22	26	28	28	26	21	17	13
Tagestemperaturen in ºC												
	5	6	8	11	14	19	21	21	18	14	11	7
Nachttemperaturen in ºC												
	4	5	6	8	10	11	12	10	9	7	5	3
Sonnenschein Std./Tag												
	8	7	6	5	4	3	1	3	4	7	8	9
Niederschlag Tage/Monat												
	13	12	13	14	17	21	23	24	22	19	16	14
Wassertemperaturen in ºC												

PRAKTISCHE HINWEISE

– Notarzt, Rettungswagen *118*
– ACI-Pannenhilfe *80 31 16*

ÖFFENTLICHE VERKEHRSMITTEL

Mit den lokalen Eisenbahnen und einem vor allem im Sommer gut organisierten Busnetz bis an die Strände kommt man preiswert durch Apulien. Informationen dazu in den Touristenbüros. Buskarten gibt es in Tabakläden und an Zeitungsständen. Bahntickets müssen vor Reiseantritt in orangefarbenen Automaten an den Bahnhöfen entwertet werden.

ÖFFNUNGSZEITEN

Die Geschäfte schließen in der Regel mittags zwischen 13 und 17 Uhr und abends um 20 Uhr. In den Ferienorten sind sie in der Saison oft bis spät in den Abend geöffnet. Die Kirchen schließen meist zwischen 12 und 16 Uhr.

POST

Die Postämter sind im Allgemeinen Mo–Fr 8.15–13 und Sa bis 12 Uhr geöffnet. Porto für Brief und Karte beträgt 0,65 Euro.

REISEZEIT

Meiden Sie den italienischen Ferienmonat August, da wird es voll und teuer. Von Oktober bis April machen in den Ferienorten an der Küste viele Hotels und alle Ferienanlagen dicht. Die Städte und das Landesinnere kann man aber das ganze Jahr über bereisen.

TELEFON & HANDY

In Italien wurden die Ortsvorwahlen in die Telefonnummern integriert.

Vorwahlen ins Ausland: *Deutschland 0049, Österreich 0043, Schweiz 0041, Italien 0039.*

Karten fürs Telefonieren in Zellen (perforierte Ecke abreißen) gibt es in Tabakläden ab 5 Euro. Infos zu preis-

WAS KOSTET WIE VIEL?

KAFFEE	**1,20–1,50 EURO** für einen Cappuccino am Tresen
EIS	**1,50 EURO** für zwei Kugeln
WEIN	**AB 2,50 EURO** für ein Glas am Tresen
IMBISS	**2,50 EURO** für ein Stück Pizza auf die Hand
BENZIN	**1,39 EURO** für 1 Liter Super bleifrei
SCHIRM	**AB 10 EURO** für einen Sonnenschirm mit zwei Liegen pro Tag

bewusstem Telefonieren mit dem Handy in Italien: *www.teltarif.de/reise*

ZOLL

Innerhalb der EU dürfen Sie Waren zum persönlichen Bedarf frei ein- und ausführen, z.B. (Angaben in Klammern gelten für Schweizer): 800 (200) Zigaretten; 90 (2) Liter Wein; 10 (1) Liter Spirituosen über 22 (15) Prozent; 20 (2) Liter unter 20 Prozent.

„Sprichst du Italienisch?" Dieser Sprachführer hilft Ihnen,
die wichtigsten Wörter und Sätze auf Italienisch zu sagen

Aussprache

Zur Erleichterung der Aussprache:

c, cc	vor „e, i" wie deutsches „tsch" in deutsch, Bsp.: dieci, sonst wie „k"
ch, cch	wie deutsches „k", Bsp.: pacchi, che
ci, ce	wie deutsches „tsch", Bsp.: ciao, cioccolata
g, gg	vor „e, i" wie deutsches „dsch" in Dschungel, Bsp.: gente
gl	ungefähr wie in „Familie", Bsp.: figlio
gn	wie in „Kognak", Bsp.: bagno
sc	vor „e, i" wie deutsches „sch", Bsp.: uscita
sch	wie in „Skala", Bsp.: Ischia
sci	vor „a, o, u" wie deutsches „sch", Bsp.: lasciare
z	immer stimmhaft wie „ds"

Ein Akzent steht im Italienischen nur, wenn die letzte Silbe betont wird. In den übrigen Fällen haben wir die Betonung durch einen Punkt unter dem betonten Vokal angegeben.

■ AUF EINEN BLICK

Ja./Nein.	Sì./No.
Vielleicht.	Forse.
Bitte./Danke.	Per favore./Grazie.
Gern geschehen.	Non c'è di che!
Entschuldigen Sie!	Scusi!
Wie bitte?	Prego?/Come, scusi?/Come dice?
Ich verstehe Sie/dich nicht.	Non La/ti capisco.
Ich spreche nur wenig …	Parlo solo un po´di …
Können Sie mir bitte helfen?	Mi può aiutare, per favore?
Ich möchte …	Vorrei …
Haben Sie …?	Ha …?
Wie viel kostet es?	Quanto costa?
Wie viel Uhr ist es?	Che ore sono?/Che ora è?

■ KENNENLERNEN

Guten Morgen!/Tag!	Buongiorno!
Guten Abend!	Buonasera!
Gute Nacht!	Buonanotte!
Hallo!/Grüß dich!	Ciao!
Wie geht es Ihnen/dir?	Come sta?/Come stai?

SPRACHFÜHRER
ITALIENISCH

Danke. Und Ihnen/dir?	Bene, grazie. E Lei/tu?
Ich heiße…	Mi chiamo…
Auf Wiedersehen!	Arrivederci!
Tschüss!	Ciao!
Bis bald!	A presto!!

■ UNTERWEGS ■■■■■■■■■■■■■■■■■■■■■■■■■■■■■■■■

AUSKUNFT

links	a sinistra
rechts	a destra
geradeaus	diritto
nah	vicino
weit	lontano
Wie weit ist das?	Quanti chilometri sono?
Ich möchte … mieten.	Vorrei noleggiare …
… ein Auto …	… una macchina.
… ein Fahrrad …	… una bicicletta.
Bitte, wo ist …	Scusi, dov'è …
… der Bahnhof?	… la stazione?
… der Hafen?	… il porto?
… der Anleger?	… l'imbarcatoio?
Eingang/Einstieg	entrata/salita
Ausgang/Ausstieg	uscita/discesa

PANNE

Ich habe eine Panne.	Ho un guasto.
Würden Sie mir einen	Mi potrebbe mandare un
Abschleppwagen schicken?	carro-attrezzi?
Gibt es hier in der Nähe	Scusi, c'è un'officina qui vicino?
eine Werkstatt?	

TANKSTELLE

Wo ist die nächste	Dov'è la prossima
Tankstelle?	stazione di servizi benzinaio?
Ich möchte … Liter …	Vorrei … litri di …
Voll tanken, bitte.	Il pieno, per favore.

UNFALL

Hilfe!	Aiuto!
Achtung!/Vorsicht!	Attenzione!

Rufen Sie bitte schnell …
   … einen Krankenwagen.
   … die Polizei.
Haben Sie Verbandszeug?
Es war meine Schuld.
Es war Ihre Schuld.
Geben Sie mir bitte Ihren
Namen und Ihre Anschrift!

Chiami subito …
   … un'autoambulanza.
   … la polizia.
Ha materiale di pronto soccorso?
È stata colpa mia.
È stata colpa Sua.
Mi dia il Suo
nome e indirizzo, per favore!

■ ESSEN & TRINKEN/UNTERHALTUNG

Wo gibt es hier …
   … ein gutes Restaurant?
   … ein typisches Restaurant?
Reservieren Sie uns bitte
für heute Abend einen
Tisch für vier Personen.
Auf Ihr Wohl!
Bezahlen, bitte.
Hat es geschmeckt?
Das Essen war ausgezeichnet.
Haben Sie einen
Veranstaltungskalender?

Scusi, mi potrebbe indicare …
   … un buon ristorante?
   … un locale tipico?
Può riservarci per stasera un
tavolo per quattro persone?

(Alla Sua) salute!
Il conto, per favore.
Andava bene?
(Il mangiare) era eccellente.
Ha un programma delle
manifestazioni?

■ EINKAUFEN

Wo finde ich …
   … eine Apotheke?
   … eine Bäckerei?
   … ein Fotogeschäft?

   … ein Lebensmittelgeschäft?

   … den Markt?
   … einen Supermarkt?
   … einen Tabakladen?
   … einen Zeitungshändler?

Dove posso trovare …
   … una farmacia?
   … un panificio?
   … un negozio di articoli
fotografici?
   … un negozio di generi
alimentari?
   … il mercato?
   … un supermercato?
   … un tabaccaio?
   … un giornalaio?

■ ÜBERNACHTEN

Können Sie mir bitte … empfehlen?
   … ein Hotel …
   … eine Pension …
Ich habe bei Ihnen ein
Zimmer reserviert.
Haben Sie noch …
   … ein Einzelzimmer?

Scusi, potrebbe consigliarmi …
   … un albergo?
   … una pensione?
Ho prenotato
una camera.
È libera …
   … una singola?

… ein Zweibettzimmer?
… mit Dusche/Bad?
… für eine Nacht?
… für eine Woche?
Was kostet das Zimmer …
… mit Frühstück?
… mit Halbpension?

… una doppia?
… con doccia/bagno?
… per una notte?
… per una settimana?
Quanto costa la camera …
… con la prima colazione?
… a mezza pensione?

PRAKTISCHE INFORMATIONEN

ARZT

Können Sie mir einen
guten Arzt empfehlen?
Ich habe …
… Fieber.
… Kopfschmerzen.
… Zahnschmerzen.
… Durchfall.

Mi può consigliare un
buon medico?
Ho …
… la febbre.
… mal di testa.
… mal di denti.
… la diarrea.

POST

Was kostet …
… ein Brief …
… eine Postkarte …
… nach Deutschland?

Quanto costa …
… una lettera …
… una cartolina …
… per la Germania?

ZAHLEN

0	zero	19	diciannove
1	uno	20	venti
2	due	21	ventuno
3	tre	30	trenta
4	quattro	40	quaranta
5	cinque	50	cinquanta
6	sei	60	sessanta
7	sette	70	settanta
8	otto	80	ottanta
9	nove	90	novanta
10	dieci	100	cento
11	undici	101	centouno
12	dodici	200	duecento
13	tredici	1000	mille
14	quattordici	2000	duemila
15	quindici	10000	diecimila
16	sedici		
17	diciassette	1/2	un mezzo
18	diciotto	1/4	un quarto

Polignano a Mare

REISE
ATLAS

KARTENLEGENDE

Autobahn mit Anschlussstellen / Motorway with junctions	
Autobahn in Bau / Motorway under construction	
Mautstelle / Toll station	
Raststätte mit Übernachtung / Roadside restaurant and hotel	
Raststätte / Roadside restaurant	
Tankstelle / Filling-station	
Autobahnähnliche Schnellstraße mit Anschlussstelle / Dual carriage-way with motorway characteristics with junction	
Fernverkehrsstraße / Trunk road	
Durchgangsstraße / Thoroughfare	
Wichtige Hauptstraße / Important main road	
Hauptstraße / Main road	
Nebenstraße / Secondary road	
Eisenbahn / Railway	
Autozug-Terminal / Car-loading terminal	
Zahnradbahn / Mountain railway	
Kabinenschwebebahn / Aerial cableway	
Eisenbahnfähre / Railway ferry	
Autofähre / Car ferry	
Schifffahrtslinie / Shipping route	
Landschaftlich besonders schöne Strecke / Route with beautiful scenery	
Alleenstr. **Touristenstraße** / Tourist route	
XI-V **Wintersperre** / Closure in winter	
Straße für Kfz gesperrt / Road closed to motor traffic	
8% Bedeutende Steigungen / Important gradients	
Für Wohnwagen nicht empfehlenswert / Not recommended for caravans	
Für Wohnwagen gesperrt / Closed for caravans	

Wartenstein *Umbalfälle*	**Sehenswert: Kultur - Natur** / Of interest: culture - nature
	Badestrand / Bathing beach
	Besonders schöner Ausblick / Important panoramic view
	Ausflüge & Touren / Excursions & tours
	Nationalpark, Naturpark / National park, nature park
	Sperrgebiet / Prohibited area
	Kirche / Church
	Kloster / Monastery
	Schloss, Burg / Palace, castle
	Moschee / Mosque
	Ruinen / Ruins
	Leuchtturm / Lighthouse
	Turm / Tower
	Höhle / Cave
	Ausgrabungsstätte / Archaeological excavation
	Jugendherberge / Youth hostel
	Allein stehendes Hotel / Isolated hotel
	Berghütte / Refuge
	Campingplatz / Camping site
	Flughafen / Airport
	Regionalflughafen / Regional airport
	Flugplatz / Airfield
	Staatsgrenze / National boundary
	Verwaltungsgrenze / Administrative boundary
	Grenzkontrollstelle / Check-point
	Grenzkontrollstelle mit Beschränkung / Check-point with restrictions
PARIS	**Hauptstadt** / Capital
MARSEILLE	**Verwaltungssitz** / Seat of the administration

Bucht bei Vieste

REGISTER

In diesem Register sind alle in diesem Führer erwähnten Orte und Ausflugsziele verzeichnet. Halbfette Seitenzahlen verweisen auf den Haupteintrag, kursive auf ein Foto.

SCHREIBEN SIE UNS!

Liebe Leserin, lieber Leser,

wir setzen alles daran, Ihnen möglichst aktuelle Informationen mit auf die Reise zu geben. Dennoch schleichen sich manchmal Fehler ein – trotz gründlicher Recherche unserer Autoren/innen. Sie haben sicherlich Verständnis, dass der Verlag dafür keine Haftung übernehmen kann.

Wir freuen uns aber, wenn Sie uns schreiben.

Senden Sie Ihre Post an die MARCO POLO Redaktion, MAIRDUMONT, Postfach 31 51, 73751 Ostfildern, info@marcopolo.de

IMPRESSUM

Titelbild: Panetteria in Lecce (Laif: Amme)
Fotos: Archivio Ass.Cult. Carpino Folk Festival: Alemacrini (14 o.); U. Bernhart (74/75, 110/111); Ninì Ciccarese (92 M. l.); B. Dürr (123); fotolia.com: Olivier Leroy (15 o.), Maxim Loskutnikov (93 o. l.), Mario (93 M. l.), Kati Molin (92 o. l.), Melissa Schalke (93 M. r.), Graça Victoria (13 u.); F. M. Frei (3 M., 6/7, 8/9, 30/31); Gruppo Speleologico Neretino: Damiano Caputo (12 u.); HB Verlag: Sasse (3 l., 4 r., 22, 22/23, 23, 29, 39, 50, 53, 63, 66, 71, 84, 88/89); R. Hicker (U. l., U. M., U. r., 2 l., 3 r., 4 l., 11, 18, 28/29, 36, 41, 54, 56, 65, 68, 69, 72, 76, 79, 90); iStockphoto.com: Paul Johnson (92 u. r.), Eryck Quesada (92 M. r.), dan talson (15 M.); Laif: Amme (1), Galli (16/17, 58/59), Sasse (101); M. Kirchgessner (24/25, 26, 27, 46, 49, 97); Madia Petrosillo (12 o.); Quattro Colonne (93 u. r.); RivaArteContemporanea: Danilo Riva (14 u.); Salento Film Festival: Foto Teo – Tricase (15 u.); Sotto le Cummerse (13 o.); T. Stankiewicz (2 r., 5, 20, 28, 32, 35, 43, 44/45, 60, 81, 82, 87, 94/95, 98/99)

3. aktualisierte Auflage 2008
© MAIRDUMONT GmbH & Co. KG, Ostfildern
Verlegerin: Stephanie Mair-Huydts; Chefredaktion: Michaela Lienemann, Marion Zorn
Autor: Bettina Dürr; Redaktion: Marlis von Hessert-Fraatz
Programmbetreuung: Cornelia Bernhart, Jens Bey; Bildredaktion: Gabriele Forst
Szene/24h: wunder media, München
Kartografie Reiseatlas: © MAIRDUMONT, Ostfildern
Innengestaltung: Zum goldenen Hirschen, Hamburg; Titel/S. 1–3: Factor Product, München
Sprachführer: in Zusammenarbeit mit Ernst Klett Sprachen GmbH, Stuttgart, Redaktion PONS Wörterbücher

FÜR IHRE NÄCHSTE REISE

gibt es folgende MARCO POLO Titel:

DEUTSCHLAND
Allgäu
Amrum/Föhr
Bayerischer Wald
Berlin
Bodensee
Chiemgau/Berchtes-
    gadener Land
Dresden/Sächsische
    Schweiz
Düsseldorf
Eifel
Erzgebirge/Vogtland
Franken
Frankfurt
Hamburg
Harz
Heidelberg
Köln
Lausitz/Spreewald/
    Zittauer Gebirge
Leipzig
Lüneburger Heide/
    Wendland
Mark Brandenburg
Mecklenburgische
    Seenplatte
Mosel
München
Nordseeküste
    Schleswig-
    Holstein
Oberbayern
Ostfriesische Inseln
Ostfriesland/
    Nordseeküste
    Niedersachsen/
    Helgoland
Ostseeküste
    Mecklenburg-
    Vorpommern
Ostseeküste
    Schleswig-
    Holstein
Pfalz
Potsdam
Rheingau/
    Wiesbaden/
Rügen/Hiddensee/
    Stralsund
Ruhrgebiet
Schwäbische Alb
Schwarzwald
Stuttgart
Sylt
Thüringen
Usedom
Weimar

ÖSTERREICH | SCHWEIZ
Berner Oberland/
    Bern
Kärnten
Österreich
Salzburger Land

Schweiz
Tessin
Tirol
Wien
Zürich

FRANKREICH
Bretagne
Burgund
Côte d'Azur/
    Monaco
Elsass
Frankreich
Französische
    Atlantikküste
Korsika
Languedoc-
    Roussillon
Loire-Tal
Normandie
Paris
Provence

ITALIEN | MALTA
Apulien
Capri
Dolomiten
Elba/Toskanischer
    Archipel
Emilia-Romagna
Florenz
Gardasee
Golf von Neapel
Ischia
Italien
Italienische Adria
Italien Nord
Italien Süd
Kalabrien
Ligurien/
    Cinque Terre
Mailand/Lombardei
Malta/Gozo
Oberital. Seen
Piemont/Turin
Rom
Sardinien
Sizilien/
    Liparische Inseln
Südtirol
Toskana
Umbrien
Venedig
Venetien/Friaul

SPANIEN | PORTUGAL
Algarve
Andalusien
Barcelona
Baskenland/Bilbao
Costa Blanca
Costa Brava
Costa del Sol/
    Granada
Fuerteventura

Gran Canaria
Ibiza/Formentera
Jakobsweg/Spanien
La Gomera/El Hierro
Lanzarote
La Palma
Lissabon
Madeira
Madrid
Mallorca
Menorca
Portugal
Spanien
Teneriffa

NORDEUROPA
Bornholm
Dänemark
Finnland
Island
Kopenhagen
Norwegen
Schweden
Südschweden/
    Stockholm

WESTEUROPA | BENELUX
Amsterdam
Brüssel
Dublin
England
Flandern
Irland
Kanalinseln
London
Luxemburg
Niederlande
Niederländische
    Küste
Schottland
Südengland

OSTEUROPA
Baltikum
Budapest
Estland
Kaliningrader
    Gebiet
Lettland
Litauen/Kurische
    Nehrung
Masurische Seen
Moskau
Plattensee
Polen
Polnische Ostsee-
    küste/Danzig
Prag
Riesengebirge
Russland
Slowakei
St. Petersburg
Tschechien
Ungarn
Warschau

SÜDOSTEUROPA
Bulgarien
Bulgarische
    Schwarzmeerküste
Kroatische Küste/
    Dalmatien
Kroatische Küste/
    Istrien/Kvarner
Montenegro
Rumänien
Slowenien

GRIECHENLAND | TÜRKEI | ZYPERN
Athen
Chalkidiki
Griechenland
    Festland
Griechische
    Inseln/Ägäis
Istanbul
Korfu
Kos
Kreta
Peloponnes
Rhodos
Samos
Santorin
Türkei
Türkische Südküste
Türkische Westküste
Zakinthos
Zypern

NORDAMERIKA
Alaska
Chicago und
    die Großen Seen
Florida
Hawaii
Kalifornien
Kanada
Kanada Ost
Kanada West
Las Vegas
Los Angeles
New York
San Francisco
USA
USA Neuengland/
    Long Island
USA Ost
USA Südstaaten/
    New Orleans
USA Südwest
USA West
Washington D.C.

MITTEL- UND SÜDAMERIKA
Argentinien
Brasilien
Chile
Costa Rica
Dominikanische
    Republik

Jamaika
Karibik/
    Große Antillen
Karibik/
    Kleine Antillen
Kuba
Mexiko
Peru/Bolivien
Venezuela
Yucatán

AFRIKA | VORDERER ORIENT
Ägypten
Djerba/
    Südtunesien
Dubai/Vereinigte
    Arabische Emirate
Israel
Jerusalem
Jordanien
Kapstadt/
    Wine Lands/
    Garden Route
Kenia
Marokko
Namibia
Qatar/Bahrain/
    Kuwait
Rotes Meer/Sinai
Südafrika
Tunesien

ASIEN
Bali/Lombok
Bangkok
China
Hongkong/
    Macau
Indien
Japan
Ko Samui/
    Ko Phangan
Malaysia
Nepal
Peking
Philippinen
Phuket
Rajasthan
Shanghai
Singapur
Sri Lanka
Thailand
Tokio
Vietnam

INDISCHER OZEAN | PAZIFIK
Australien
Malediven
Mauritius
Neuseeland
Seychellen
Südsee

Bettina Dürr, die zwischen Italien und Deutschland pendelt, bereist mit Leidenschaft Apulien – stets auf der Suche nach den besten Tipps

Wie lange kennen Sie schon Apulien?

Zum ersten Mal war ich Mitte der 1980er-Jahre in Apulien, ich habe hier für ein Buch über italienische Volksfeste recherchiert – Apulien ist noch sehr reich an Traditionen – und an einem Dokumentarfilm über das Phänomen des Tarantismo und den Pizzica-Tanz mitgearbeitet. Seither hat sich viel verändert, Apulien hat sich sehr modernisiert.

Was reizt Sie an dieser Region?

Apuliens Landschaft ist wunderschön. Ich liebe das Meer, die Küche und die untouristischen südlichen Landdörfer. Alles hat einen sehr mediterranen Charakter, die Luft, die Wärme, die orientalisch anmutenden Städtchen, die offenen gastfreundlichen Menschen, die ganz spezielle Musik. Manchmal fühlt man sich fast schon wie im Orient.

Und was mögen Sie an Apulien nicht so?

Die Zersiedelung. Es wird sehr viel gebaut, vielerorts in der Landschaft stehen halb fertige bombastische Häuser. Man sagt, jede Familie in Apulien habe drei Häuser, eins im Ort, eins auf dem Land, eins am Meer.

Was machen Sie beruflich in Italien?

Ich schreibe Reiseführer, organisiere individuelle Reisen für kleine Gruppen, habe an kulinarischen Publikationen zur italienischen Küche mitgearbeitet, und hin und wieder übersetze ich italienische Kinderbücher ins Deutsche.

Was tun Sie, wenn Sie nicht arbeiten?

Ich wandere und segle gern, schmelze bei italienischen Operndramen dahin und liebe Kunst, neue wie alte.

Haben Sie Lieblingsessen in Apulien?

Das Köstlichste an der Küche Apuliens sind die Antipasti aus eingelegtem Gemüse, Käsetörtchen, Mus aus Bohnen mit Olivenöl oder auch die superfrischen Meeresfrüchte, beträufelt nur mit ein paar Tropfen Zitrone und Öl, und die besonders schmackhaften kleinen Miesmuscheln aus Taranto. Und erstaunlich ist, wie gut Dinge schmecken können, die einem zunächst sehr fremd sind, wie etwa die gegrillten Lamminnereien, für die die Apulier schwärmen, *gnumerieddi* genannt.

Können Sie sich vorstellen, irgendwann einmal ganz nach Italien zu ziehen?

Es ist bereichernd, in zwei Kulturen leben zu können. Solange es geht, möchte ich auf keine von beiden verzichten. Wenn ich mich aber in Apulien niederlassen würde, dann am liebsten im Salento. Etwa in einer Altstadtwohnung in Marina di Castro mit Terrasse überm Meer.

> BLOSS NICHT!

Worauf Sie achten sollten, um sich den Urlaub nicht zu vermiesen

Sich abschrecken lassen

Campingplätze, Feriendörfer und Hotelanlagen breiten sich an den Strandküsten aus und versperren mit ihren Zäunen, Mauern und Schranken oft scheinbar lückenlos den Zugang zum Meer. Wenn sich kein anderer Zugang findet, bitten Sie freundlich um Erlaubnis, die Anlage bis zum Strand durchqueren zu dürfen, zu Fuß natürlich. Man darf es Ihnen vom Gesetz her nicht verwehren und tut es in der Regel auch nicht.

Fälschungen kaufen

Vorsicht beim Einkauf bei Straßenhändlern: Für gefälschte Markenartikel werden auch dem Käufer Rekordbußgelder aufgebrummt!

In Kirchen unangemessen gekleidet sein

Wir sind im Süden, da ist das religiöse Empfinden noch stärker ausgeprägt als im Norden. Das gilt vor allem in Wallfahrtskirchen wie in Santa Maria di Léuca, in Monte Sant'Angelo oder in San Giovanni Rotondo. Also, bitte achten Sie auf bedeckte Schultern sowie Rock oder lange Hosen.

Plastikschuhe, Taucherbrille und Schnorchel vergessen

Weite Teile der apulischen Küste sind felsig, aus oft sehr porösem, fransigscharfem, rissigem Kalktuff. Ohne sichere Plastiksandalen schafft man es da kaum ins Wasser – und dort lauern auch Seeigel. Und als Unterlage zum Sonnenbaden auf den Klippen reicht nicht immer das Handtuch, besser wäre da eine Iso- oder Bastmatte. Der Vorteil von Felsküsten ist allerdings der interessante Meeresuntergrund und das glasklare Wasser. Denken Sie also unbedingt auch an Taucherbrille und Schnorchel.

Dieben Gelegenheit geben

Auch Apulien hat längst seine Unschuld verloren. Sie sollten so rasch wie möglich Ihren Wagen leer räumen und das Gepäck in Ihrem Feriendomizil deponieren. Vorsicht ist vor allem in den größeren Städten geboten, allen voran in Bari, aber auch in Barletta oder Brindisi. Aber so heikel wie noch vor ein paar Jahren ist es in Baris Altstadt längst nicht mehr. Doch denken Sie daran, die Handtasche möglichst mit dem Riemen quer über die Brust und zur Häuserwand zu tragen, nie zur Straßenseite hin.

Rauchen

Seit 2005 darf man in Italien nicht mehr in Restaurants, Bars, Zügen, kurz, an allen öffentlichen Orten rauchen. Dass das Verbot weitgehend eingehalten wird, hat wohl auch mit den drastischen Bußgeldern bei Zuwiderhandlung zu tun. Und wenn Sie im Freien rauchen, niemals unachtsam die Zigarettenstummel wegwerfen. Die verheerenden Brände vom Sommer 2007 zeigen, wie notwendig es ist, dass kein Funke an die knochentrockene Macchia gelangt.